青少年速读优秀图书

张锦丽　编著

图书在版编目（CIP）数据

青少年速读优秀图书 / 张锦丽编著．—上海：上海科学技术文献出版社，2017
ISBN 978-7-5439-7400-5

Ⅰ．①青…　Ⅱ．①张…　Ⅲ．①推荐书目—世界　Ⅳ．①Z835

中国版本图书馆 CIP 数据核字 (2017) 第 107973 号

责任编辑：张　树　杨凯茹
封面设计：许　菲

青少年速读优秀图书
张锦丽　编著
出版发行：上海科学技术文献出版社
地　　址：上海市长乐路 746 号
邮政编码：200040
经　　销：全国新华书店
印　　刷：常熟市人民印刷有限公司
开　　本：650×900　1/16
印　　张：14.25
字　　数：171 000
版　　次：2017 年 9 月第 1 版　2017 年 9 月第 1 次印刷
书　　号：ISBN 978-7-5439-7400-5
定　　价：30.00 元
http://www.sstlp.com

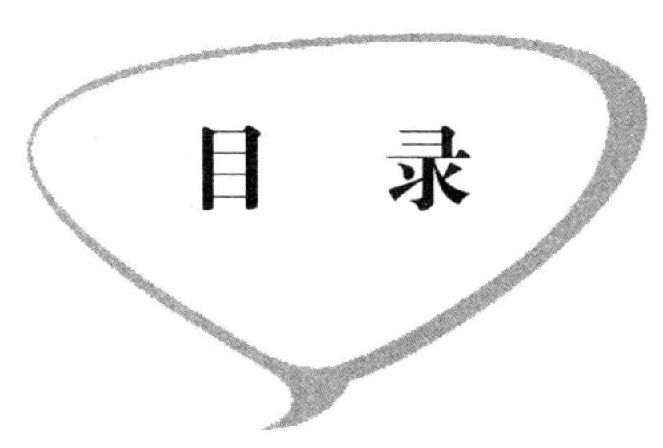
目　录

马克思的故事

作者简介

梁雪影，1948年3月生，教授，硕士研究生导师。研究方向为马克思主义哲学、应用哲学。出版有《永不熄灭的圣火点燃者马克思》，获辽宁省第八届社会科学优秀科研成果著作一等奖；《工业文明》（合著），获辽宁省第七届社会科学优秀科研成果著作二等奖。主编、副主编或参编其他专著、教材和辅导材料10余部。在国家及省级刊物上发表学术论文《论道德对生产力的促进作用》《中国古代纲常观念的批判继承》《论中国原古神话的二元论世界观》等30余篇，并有多篇获奖。

背景介绍

《马克思的故事》是中共辽宁省委宣传部、共青团辽宁省委组织编写的“红色文化书系”之一。应该说，在中国，马克思是一位家喻户晓的人物，但是我们通常所了解的马克思是创立了科学社会主义理论的马克思；而这本书却向我们展示的是一个活生生的、有血有肉的人，他既是思想家，又是父母的儿子、老师的学生、妻子的丈夫、朋友的知己、儿子的父亲、外孙女的外祖父，他平易近人、待人诚恳、值得信赖、值得尊敬。

内容概括

本书分为55小节，以讲故事的方式、按时间顺序描写了马克思的一生经历。这本书突破了以往仅就理论成就来介绍马克思的束缚，以全面、新颖的写作手法，向我们展现了马克思的一生经历，其中介绍了马克思的科学社会主义理论、哲学思想和经济学理论。整体来看，这本书有以下几个特点：

第一个特点是全方位、多角度地对马克思的一生进行了叙述。作者对马克思的童年、少年、青年、中年和晚年各个时期的活动以及思想发展进行了全方位的描述，以“特利尔出了个马克思”开篇，经过“大学时代的艰辛求索”“步入社会的当头一棒”“初出茅庐的选择”“历史性的转变”“欧洲革命风暴的洗礼”“流亡生涯的最后一站”，到成为“第一国际的灵魂和首脑”，直至“不息的晚年”，叙述了马克思孜孜不倦奋斗不止的人生历程。在这个过程中，既展现了马克思童年时的淘气和聪明、青年时的痛苦求索和不断进步，又展示出他为了国际共产主义运动付出的艰苦努力和取得的巨大成就，让读者了解到马克思在不同人生阶段的经历。而在这个过程中，作者又从多角度进行描写，作为儿子、学生、丈夫、朋友、父亲、外祖父、思想家，马克思分别是什么样的。这样的描写充满了生气，让读者认识到真实的马克思是一个有血有肉的活生生的人，就像我们的老师、父亲一样可亲可敬可爱，而不是一尊活在人们心中的遥不可及的“神”。

第二个特点是叙事与议论相结合。作者在展现马克思战斗生涯的过程中，并不是单纯地进行过程的叙述，而是在叙述过程中，以叙为主，穿插评议，既揭示了马克思思想变化的轨迹，又给人以强烈的思想启迪。马克思最伟大的成就是两个“伟大发现”，即历史唯物主义和剩余价值规律，这两个重要理论在其划时代著作《共产党宣言》和《资本论》中有详细论述。作者对这两部著作进行了浓墨重彩的描绘，以“第一个伟大发现”“经久不衰的《宣言》”“第二个伟大发现”“共同树立的丰碑”等为题进行了非常详细的介绍，引导读者深入地思索蕴含在不朽巨著《共产党宣言》和《资本论》中的真理，激发起对“资本主义必然灭亡、社会主义必然胜利”的强烈认同感和信仰。而这样的叙述，比单纯介绍马克思的两部理论著作要有意思得多，更能引人入胜。

第三个特点是对读者能起到强烈的励志作用。全书对马克思在逆境中坚持不懈探索的历程进行了比较详细的描述，如“步入社会的当头一棒”“联手向‘神圣家族’开火”“再驱逐一次又如何”“战斗在科伦打响”“25 年的辛勤磨砺”等，塑造了一个在黑暗中奋斗不息、在逆境中不断探索的马克思的光辉形象。马克思这种全心全意为理想而自强不息的人生态度，将成为广大青少年读者人生道路上的航标，成为激励他们为实现理想而不懈努力的强大精神动力，励志作用非常明显。因为任何人想要成功、想要实现自己的理想，都必须要经过不懈的努力。另外，马克思的奉献精神也令我们感到震撼。马克思一生都在为了无产阶级的利益而夜以继日地工作，经常受到驱逐、逮捕，过着颠沛流离的生活，甚至失去了自己的国籍。由于马克思一直忙于革命运动没有固定的收入，再加上他把自己的积蓄都用于帮助各国的工人、流亡者及用来创办报刊等，他的家庭生活一直很拮据，有时甚至过得十分狼狈。长期的过度辛劳和低劣的物质生活，使得马克思原本十分强壮的身体衰弱了，在生命的最后十年饱受病痛的折磨，但他仍以顽强的毅力支撑着自己，只要身体稍稍允许就重新投入工作。马克思65年的生命在人类历史上具有十分重要的意义，虽然说人类的历史发展不是靠个别人来推动的，但谁也不能否认马克思为人类的发展奉献了一生，对世界面貌的改变产生了巨大的影响。

知识拓展

弗里德里希·冯·恩格斯（1820—1895），德国思想家、哲学家、革命家，全世界无产阶级和劳动人民的伟大导师，马克思主义的创始人之一。恩格斯是卡尔·马克思的挚友，被誉为“第二提琴手”，他为马克思从事学术研究提供了大量经济上的支持。在马克思逝世后，恩格斯整理出版了马克思的大量手稿、遗著，并且成为国际工人运动众望所归的领袖。

燕妮·马克思（1814—1881）是一位德国社会学家，卡尔·马克思的妻子。贵族出生、似锦年华的燕妮，被公认为特利尔最美丽的姑娘和“舞会皇后”，许多英俊贵族青年为之倾倒，求婚者不乏其人，毫无疑问，她本可以缔结一门荣华富贵的婚姻。但是她却蔑视封建社会和资产阶级社会的一切传统观念，瞒着父母把自己许配给一个市民阶级的子弟，完全不顾及和马克思共同生活的前途如何。婚后，她一心服侍丈夫卡尔，除了担负做母亲和主妇的责任，除了为每天的生活操心之外，她还担负起了许多其他工作。燕妮还是马克思不可缺少的助手，马克思的几乎所有手稿——其中大部分是很难辨认的——在送到印刷厂或出版社之前，总得由她誊写清楚。在燕妮因病去世后，马克思接受医生的劝告，到气候温和的地方去休养。可是不论到哪儿，他都忘不了燕妮，止不住悲痛。他写信给最好的朋友说："你知道，很少有人比我更反对伤感的了。但是，如果不承认我时刻在怀念我的妻子——她同我的一生中最美好的一切是分不开的——那我就是在骗人。"

进一步阅读书目

陈雷. 马克思. 北京：中国财经出版社，2006.

(日) 内田树，石川康宏. 青年们，读马克思吧. 于永妍译，北京：红旗出版社，2013.

(法) 阿塔利. 卡尔马克思. 上海：上海人民出版社，2010.

张光明，罗传芳. 马克思传. 北京：人民日报出版社，2010.

中国有个毛泽东

背景介绍

毛泽东，中华民族的伟大领袖，中国各族人民的伟大救星，一位影响世界局势的历史巨人。已经出版的关于毛泽东的书籍不可胜数，有近百万字的皇皇巨著，也有生动的介绍图册，适合不同年龄阶段和不同爱好的读者。毛泽东的辉煌一生，要想用十几万字来做全面的描述，实非易事；况且还要结合青少年朋友的阅读能力和接受心理，撰写起来更是增加了难度。作者从大处着眼、细处着手对每个故事进行描画，此外还设置了 15 个篇目，加上开篇和结语，使读者能详细了解毛泽东成长的每个阶段的历程，既能从整体上了解毛泽东，又注意到了细节，信息量非常大。

内容概括

全书共 15 篇 101 小节，加上开篇和结语。开篇《历史的焦灼》中写道："历史在焦灼地等待，等待那启明的星，历史在焦灼地呼唤，呼唤那造福的人。"这样的语言非常生动地描写了在近代中国，在备受欺压的状况下生活的中国人内心深处对于人民领袖的强烈呼唤和期盼。"他从韶山走来，以其巨大的引力和光芒，使群星环绕，汇成万丈光焰，将中华大地照得通明透亮，一雪百年耻辱，重振中国雄风。"直接切入主题，引人入胜，让读者迫切想了解毛泽东是如何领导中国人雪百年耻和重振雄风的。

第一篇《韶山奇少年》，向我们展现了一个不但聪明，而且爱思考、爱读"闲书"的少年毛泽东，正是这样的与众不同，才使得他能从"孔孟学说"的传统教育中走出来，接受更新更进步的思想文化。第二篇《中华建国才》讲述的是毛泽东走出家乡，来到长沙求学；在这段时间里，毛泽东的眼界大开，不仅在思想上有了很大的变化，而且不断强身励志，激发自己的斗志。第三篇《新星升起呈异彩》中讲到毛泽东第一次来到北京，并且开始受到新思想尤其是马克思主义的影响，成为一位年轻的马克思主义者，不仅作为代表参加了中国共产党第一次全国代表大会，而且积极参加工人运动、农民运动，表现出突出的革命精神和领导能力。第四篇《力挽狂澜开新宇》讲述了大革命失败后，毛泽东领导了湘赣边秋收起义，之后进行了三湾改编，建立新军，还改造了农民军，朱毛井冈山会师后，革命开始了新篇章——建立农村革命根据地，开始了"农村包围城市"的具有中国特色的革命道路。第五篇标题是《几经浮沉显本色》，读到这里，青年读者们会感到压抑，因为毛泽东三失兵权，但是他的杰出军事才能却无法掩盖，被称为"毛大帅"。不过青年读者们，你们马上就会看到转机和希望，因为第六篇《长征途中领袖定位》中不仅继续展现了毛泽东出众的军事才华，而且在遵义会议上确定了他对党和军队的最高领导权，带领工农红军从危机中走出来，走向光明的革命前途。第七篇《空前的民族英雄》中，不仅讲述了毛泽东、周恩来在陕北地区领导革命，而且讲到了他在西安事变中沉着应对，主张释放蒋介石，在民族危机面前，毅然放弃私怨选择了大义，成为民族的英雄。第八篇《延安风范》则详细讲述了毛泽东在延安的生活和工作情况，比如和大家一样“自己动手，丰衣足食”，送儿子上“劳动大学”，与美国记者斯诺的相识……这是一段很多人都不熟悉的历史，通过这一篇我们更加了解在敌后根据地毛泽东的生活和工作。第九篇讲的则是惊心动魄的一段历史，毛泽东等人为了显示中国共产党和谈的诚意，冒着生命危险亲赴重庆，与国民党就“建立和平、民主、统一的新中国”进行谈判，但是面对敌人的军事进攻也绝不手软，给予坚决反击；在敌人发动全面内战后，坚决不离开陕北，利用出神入化的战略，打破了敌人的重点进攻和全面进攻。第十篇全面细致地描写了辽沈战役、淮海战役和平津战役，这也是毛泽东在军事方面的辉煌之作。第十一篇则讲到毛泽东在开国大典上激动人心的宣告——中国人民站起来了！面对国民党留下来的千疮百孔的烂摊子，毛泽东亲自领导了“三反”运动，使新中国的情况有所好转。在第十二篇中，毛泽东亲自过问百姓的吃饭问题，着重发展钢铁工业，带头坐中国造的红旗轿车，提出要开发中国自己的油田，解决中国的石油问题；为了国计民生，提出要治理好黄河和长江这两条母亲河，在学术上提出了“百花齐放”的方针，推动了中国学术的进步。第十三篇《军威国威更雄壮》专门讲到在毛泽东的领导下，中国建立起国防的钢铁长城，从抗美援朝，到让世界震惊的炮战，再到海军和空军的发展，以及 1964 年中国研制出原子弹，大大加强了新中国的国防力量，为新中国的经济发展提供了一个良好的环境。第十四篇则详细讲述了新中国 1950—1970 年的外交成就，尤其是帮助柬埔寨元首西哈努克亲王建立政权、恢复中华人民共和国在联合国的一切合法权利以及中美关系的改善；这些成功的外交，不仅改变了中国的国际环境，也改变了世界格局。第十五篇则是从细节入手，讲述了毛泽东作为一位父亲、一个学生、一位战友、一位领导所表现出的形象，十一个小故事生动感人，让我们看到了一个平凡的人，却又充分感受到了一个伟人的伟大精神和品质。

在结语中，作者总结了毛泽东伟大的一生，他的一生是充满激情的一生，是无悔的一生。他的一生轰轰烈烈，坦坦荡荡，同时也是充满诗情画意的一生。正因为有了这位伟大的领导人，中国才能有今天的发展和壮大。

知识拓展

毛泽东诗词是伟人毛泽东怀着巨大的诗的激情，按照写诗的艺术规律，运用形象思维创造出来的。著名诗人贺敬之评述毛泽东诗词时曾这样说："毛泽东诗词以其前无古人的崇高优美的革命感情、遒劲伟美的创造力量、超越奇美的艺术思想、豪华精美的韵调辞采，形成了中国悠久诗史上风格绝殊的新形态的诗美，这种瑰奇的诗美熔铸了毛泽东的思想和实践、人格和个性。在漫长的岁月里，可以毫不夸张地说，几乎是风靡了整个革命诗坛，吸引并熏陶了几代中国人，而且传唱到了国外。"

进一步阅读书目

(英) 迪克·威尔逊. 毛泽东传. 北京：国际文化出版社，2011.

顾保孜. 毛泽东最后七年风雨路. 北京：人民文学出版社，2013.

任志刚. 为什么是毛泽东. 北京：光明日报出版社，2013.

龚育知，逄先知，石仲泉. 毛泽东的读书生活. 北京：生活·读书·新知三联书店，2009.

早年周恩来

作者简介

庞瑞垠，江苏江宁人。历任《雨花》杂志副主编、江苏省文联专业作家、江苏大众文学学会会长、中国大众文学学会常务理事、江苏省文联创研室主任、省作协理事。中国作家协会会员，江苏省中青年有突出贡献专家，享受国务院政府特殊津贴。著有长篇小说《危城》《寒星》《落日》《女模特儿之恋》《少女远行归来》《漂泊少女》《逐鹿金陵》《秦淮世家》《浮世烟雨》《红尘男女》，中短篇小说集《鸳梦难言》，散文集《梅园的黎明》《相思又一年》，报告文学《沉沦女》《陈布雷之死》《光明行》《华西纪事》，传记文学《早年周恩来》《吴健雄》等。部分代表作结集八卷本《庞瑞垠文集》出版。《危城》获穗版图书文学类一等奖，《早年周恩来》获中宣部第五届"五个一工程"一等奖，《逐鹿金陵》入围第四届茅盾文学奖并获八五期间全国优秀长篇小说奖，《秦淮世家》获紫金山文学奖并入选"阅读中国——当代文学精品（数字）文库"。

背景介绍

市面上出版的关于周恩来的书籍多如牛毛，有传记类，有抒情类，有小说类；有介绍他的少年生活，有介绍他的革命生涯，有介绍他的外交成就，还有介绍周恩来一生的著作。

作者庞瑞垠在接到中国当代“优秀出版社”江苏教育出版社的约稿时，毫不犹豫就接受了下来，他说，这是因为一种历史责任感主宰着自己。首先他搜求、研究了国内外有关周恩来的大量文献资料，又奔赴淮安、淮阴、铁岭、沈阳、天津等周恩来早年读书和生活过的地方作实地考察和调查，即使是偏远的山村，只要是周恩来曾经到过的地方，他都没有放弃。在这个过程中，他与各种人有过广泛的接触，对具体事件、地形地貌、风土人情以至民俗掌故的了解，增加了他对历史背景的认识，深化了他对周恩来的理解，丰富了资料积累。

内容概括

可以说，这是国内外迄今为止反映童年、少年、青年周恩来最为翔实的一部文学性传记。全书以 19 世纪末至 20 世纪初的历史背景为经，以周恩来艰苦卓绝的人生经历为纬，将丰富的史料融入精致的艺术构思中，展示了周恩来非同寻常的个性、品德以及人格魅力。作者在尊重历史的基础上，以生动、形象的文学手法，行文挥洒自如、寓情于景、雍容典雅，使之成为艺术感染力很强的精品佳构。

在家人的期盼中，周恩来诞生了，父母寄予他莫大的希望。童年时期的周恩来是一个聪明绝顶的孩子，当他只有四五岁的时候，就能拼出五六岁的孩子都拼不出来的七巧板，能背出好多的古诗。他六岁的时候，意外地走进了外祖父的书房，在那里他读了许多在私塾里读不到的书，如《水浒》《三国演义》《西游记》《盛世危言》等，在这些书里他汲取了营养，获得了许多同龄孩子所没有的拓展知识、开阔视野的机会。在这期间，他的养母陈氏起到了至关重要的作用。她喜爱书画，对诗词也很熟悉；她性情温和，与人为善，是她开启了周恩来的心智，培养了他的文化底子，可以说她是周恩来良好的心灵启蒙老师。

少年时期的周恩来独立自强，立下了“为中华之崛起而读书”的远大志向。在父亲去世没多久，母亲也病倒了，家里陷入了绝境，小小年纪的周恩来扛起了家庭的重担。当时的周恩来只有九岁，他天天奔波在外，除了帮母亲找大夫看病、照顾母亲，还要照顾年幼的两个弟弟，弟弟哭了，他要哄，弟弟饿了，他要烧饭给他们吃。就是在这样艰苦的环境下，周恩来仍不忘读书、学习。后来在伯父的帮助下，他北上求学。周恩来在新知识面前，是那样的如饥似渴，他喜欢探寻事情背后的真相，也愿意接受新鲜的事物，接受进步的思想。

在旧中国此起彼伏的革命浪潮中，他在书本里寻找着自己未来的方向，探索着救国救民的良药。青年时期的周恩来爱国忧民，为救万民于水火之中，为寻找救国救民的道路，他远赴东瀛求学，寻找真理。在日本期间他生活节俭、学习刻苦，心中始终牵挂着祖国。为了找到指引人类前行的真理，周恩来就如同一艘在汪洋中航行的小船，眼前的真理之光越来越明亮，经过一番追寻，他终于寻找到了马克思主义。之后，周恩来就积极投身学生爱国运动中，虽然多次被捕入狱，但是他仍然不畏缩，不退却，坚持自己的理想和选择。在日本求学三年后，周恩来又远赴欧洲勤工俭学。在欧洲，他仍然坚持追求自己的理想，不断斗争；在得知中国共产党在国内成立后，周恩来与同在法国的赵世炎、李维汉等人联系，共商组织工作，决定建立旅欧少年共产主义组织。周恩来不仅在工作上成绩突出，而且在这期间，他还收获了与相识已久的邓颖超的爱情。1924 年，国共实现第一次合作，周恩来回国就任黄埔军校政治部主任。

“从此，这位从运河边上的小城——淮安走出的官绅人家的后裔，正式登上了中国以至世界的政治舞台，以他的全部心智，在风云变幻、悲喜交织的漫长岁月里，导演或参与导演了一出出一幕幕惊心动魄、可歌可泣的历史剧……”

知识拓展

周恩来的名言

1. 为中华崛起而读书。

2. 中国人几乎占世界人口的 1/4 。这样大的国家，如果在文化上不能对世界有所贡献，经济上不能有较快的发展，那我们就对不住世界人民，也对不住我们的祖宗。

3. 我们爱我们的民族，这是我们自信心的泉源。

4. 我们要实现农业现代化、工业现代化、国防现代化和科学技术现代化，把我们祖国建设成为一个社会主义强国，关键在于实现科学技术的现代化。

5. 经济建设和文化建设，好像一辆车子的两个轮子，相辅而行。

6. 敢于向一切国家的长处学习，就是最有自信心和自尊心的表现，这样的民族也一定是能够自强的民族。

7. 加紧学习，抓住中心，宁精勿杂，宁专勿多。

8. 为中华腾飞而努力奋斗！

周恩来的轶闻

周恩来作为外交部长，经常在外交场合妙语连珠。有次周恩来应邀访问苏联，在同赫鲁晓夫会晤时，赫鲁晓夫就出身问题刺激周恩来道："出身于工人阶级的是我，而你却是出身于资产阶级。"周恩来回答道："是的，但至少我们两个人有一个共同点，那就是我们都背叛了我们各自的阶级。"

还有一次美国记者在采访周恩来时发现他的办公桌上有一支美国产派克笔，说道："你作为一个大国总理，为什么还要用我们美国生产的钢笔?"周恩来笑道："这是一位朝鲜朋友的战利品，是他作为礼物送给我的。"

1972年，尼克松夫妇访华午宴时，每人面前摆放一盒"熊猫"牌香烟，尼克松夫人帕特对此赞不绝口。周恩来说："总统夫人，我们送你一些吧。"帕特疑惑道："送我什么？香烟吗?"周恩来说："不是，是送你们大熊猫。"此后，中国的一对雌雄大熊猫被送到美国国家动物园，成为了中美两国友好标志。

进一步阅读书目

(英)迪克·威尔逊. 周恩来传. 北京：国际文化出版社，2011.

江明武. 周恩来生平全纪录. 北京：中央文献出版社，2009.

邓在军. 你是这样的人——回忆周恩来口述实录. 北京：人民出版社，2013.

青年邓小平

作者简介

李天雄，笔名黎平、双里，重庆人。历任峨眉电影制片厂文学部副主任，兼《电影作品》副主编、党委办公室主任兼组织处长，《电影作品》编委会副主任，四川作协第四届理事、第五届委员。中国作家协会会员，一级编剧。著有长篇小说《双号手》《神奇的波密》《喜马拉雅绝密行动》《岩魂》《悬棺传奇》，中篇小说集《怒江奇案》，长篇报告文学《梦与人生》（合作）《东方之梦》（合作）《太阳的队阵》（合作）《情满僰道》（合作）《青年邓小平》《站在世界屋脊的将军》（合作），电影文学剧本《草莽英雄》（合作），影视剧本集《神秘古堡的覆灭》（合作）《悬棺之谜》（合作），《风流古镇》《青年邓小平》等。作品多次获省级以上奖项，责编的《红衣少女》获文化部优秀影片一等奖、第五届中国电影金鸡奖、第八届《大众电影》百花奖，《特急警报 333》获文化部优秀影片荣誉奖。

背景介绍

现在的青少年，身处改革开放的时期，对邓小平还是有一定的了解和认识的；但是对于邓小平的具体历史还是一知半解。而伟人在青年时代，不仅经历丰富，而且常常付出了比常人更多的努力，有着超人的毅力。了解这些对于青少年的成长非常有帮助。

内容概括

邓小平的女儿毛毛在《我的父亲邓小平》一书中写道："今天我们看到的邓小平，是一个具有宏才大略和闪光睿智的伟人，须知，每一个伟人都是从不成熟到成熟，从低水平到高水平，一点一滴，一步一个脚印成长锤炼而成的。"确实如此，伟人的诞生与其青少年的经历密不可分，由四川少年儿童出版社出版、李天雄与浅草所著的《青年邓小平》就是一部描写伟人成长历程的纪实性文学作品。

1904 年 8 月 22 日(农历 7 月 12 日)，邓小平诞生在四川省广安县(今广安市)协兴乡的牌坊村。他的父亲邓绍昌是一位接受过新式教育、具有维新思想的地方乡绅。受父亲的影响，邓小平很早就接触到了许多革命思想的书籍，在书中，邓小平了解了各种风起云涌革命运动的历史根源，开阔了视野。在那个军阀割据、混战的悲惨年代，萌发的爱国热忱以及父亲的竭力支持促使他离别故土，踏上了旅法勤工俭学的征途。1919 年，年仅 15 岁的邓小平考入重庆留法勤工俭学预备学校，1920 年 9 月 11 日，16 岁的邓小平在法国找到了第一份工作——施奈德钢铁厂的轧钢工。书中描述："在 40℃以上的轧钢车间里，邓小平要用铁钳夹着火红炽热的钢材跑来跑去，如果不小心跌倒，一定会被烫伤，后果不堪设想。”同时在巴黎，邓小平以极大的热情投入先进读物《少年》的编辑、制作上。该书通过种种鲜为人知的史实，使青年邓小平跃然纸上。

为了求生，在火车上、在饭馆里、在车站码头，什么脏活累活重活邓小平都干过，正是这些早年的磨炼，练就了他顽强坚韧的意志，也正是在这次远征中，邓小平遇到了很多良师益友：汪云松、聂荣臻、周恩来……他们帮助年少的邓小平克服种种困难、度过重重险境，形成了正确的人生观、世界观，思想上逐渐走向成熟。1922 年底，刚满 18 岁的邓小平光荣地加入了旅欧中国少年共产党，1924 年转为中国共产党党员。

1926 年初邓小平到苏联学习，1927 年春回国，被派往西安冯玉祥国民军联军从事政治工作。第一次国共合作破裂后，8 月 7 日邓小平在武汉参加中共中央紧急会议，与毛泽东相识。1928—1929 年邓小平任中共中央秘书长。1929 年夏，作为中央代表前往广西领导起义，化名邓斌，同张云逸等于 12 月和次年 2 月，先后发动百色起义和龙州起义，创建中国工农红军第七军、第八军和左江、右江革命根据地，任红七军、红八军政治委员和前敌委员会书记。1931 年夏，邓小平到江西中央根据地，先后担任中共瑞金县委书记、会昌中心县委书记、江西省委宣传部长。由于拥护毛泽东的正确路线，邓小平被当时党内“左”倾领导者撤职。以后，任红军总政治部秘书长、总政治部机关报《红星》报主编。1934 年 10 月邓小平随中央红军长征，年底任中共中央秘书长，后任红一军团政治部宣传部长、政治部副主任、主任。

抗日战争爆发后，邓小平任国民革命军第八路军政治部副主任。1938 年 1 月任八路军 129 师政治委员，和师长刘伯承深入华北敌后，创建了太行、太岳等抗日根据地。1942 年 9 月兼任中共中央太行分局书记，1943 年 10 月代理中共中央北方局书记，主持八路军总部的工作，在艰苦的条件下担负起领导华北敌后抗日根据地党政军的全面工作。1945 年在中共第七次全国代表大会上当选为中央委员。解放战争时期，邓小平任中国人民解放军晋冀鲁豫野战军、中原野战军、第二野战军政治委员，晋冀鲁豫中央局书记，中原局、华东局第一书记。1945 年 9 月至 11 月同刘伯承一起领导了上党战役、邯郸战役。1947 年夏他们率军南渡黄河，挺进大别山地区，由此揭开了人民解放军对国民党军队的全国性战略进攻的序幕。在解放战争的战略决战阶段，邓小平担任统一指挥中原野战军、华东野战军的总前委书记，同两个野战军的领导人一起，指挥了淮海战役、渡江战役，攻克了国民党政府首都南京和上海、苏、浙、皖、赣等广大地区。

作品以浅易、朴素的语言全面展示了一代伟人一步步的成长进步历程，表现了他为了追求革命追求真理始终坚忍不拔、舍生忘死、英勇睿智的伟大人格和为党的事业奋斗终生的远大抱负。作品表现的另一个主题是邓小平和张锡瑗的美好动人的革命爱情，充分展现了他们始终把革命事业放在首位、把个人情感和家庭生活放在次位的感人选择。

知识拓展

邓小平是中国共产党第二代领导核心，马克思主义者，无产阶级革命家、政治家、军事家、外交家，也是中国人民解放军、中华人民共和国的主要领导人之一。他是中国社会主义改革开放和现代化建设的总设计师，创立了邓小平理论。他所倡导的“改革开放”及“一国两制”政策理念，改变了 20 世纪后期的中国，也影响了世界，因此在 1978 年和 1985 年，他曾两次当选《时代周刊》“年度风云人物”。

进一步阅读书目

总政治部编. 雷锋日记选. 北京：解放军文艺出版社,2003.

陈广生,朱亚楠. 我们的雷锋. 北京：解放军文艺出版社,2008.

王兴东. 离开雷锋的日子. 北京：解放军文艺出版社,2012.

老一辈革命家的故事

编者简介

杨念鲁，山东青岛人，北京大学教育管理学博士。1990—1992年承担联合国教科文组织课题“教育浪费研究”，出版专著《义务教育效益研究》。1992—1994年承担国家教育规划重点课题“义务教育阶段教育质量研究”，出版专著《义务教育质量研究》。2000—2002年负责教育部重点课题“义务教育转移支付制度研究”。

背景介绍

为深入贯彻落实党的“十八大”精神，加强革命传统教育，坚定广大青少年对中国特色社会主义的信心和信念，立德树人，把社会主义核心价值体系融入国民教育全过程，受教育部委托，中国教育学会组织专家编写了《老一辈革命家的故事》丛书。《老一辈革命家的故事》丛书编写遵循教育性、可读性、真实性原则，以全新的视角、翔实的资料、权威的信息，精编毛泽东、周恩来、刘少奇、朱德、邓小平、陈云等100余位老一辈无产阶级革命家的革命故事近300个，从多方面展示了老一辈革命家的感人事迹以及党的光辉历史，是广大青少年学生、教师以及党员干部和人民群众学习党的历史、重温老一辈革命家丰功伟绩的生动教材，同时也是对基础教育阶段人文历史学科相关内容以及开展专题教育相关教材不足的重要补充。《老一辈革命家的故事》丛书读者对象主要为基础教育阶段的学生，根据青少年不同年龄阶段的认知水平和阅读习惯，丛书分小学读本（低、中、高各一册）和中学读本（上、下册），共五册。选文短小精悍、叙述生动、文质兼美，富有教育意义。

内容概括

回想昔日的中国，外受帝国主义的侵略和凌辱，内有封建腐朽势力的压榨和叛卖，大片领土被无奈割让，巨额财富被洗劫一空，无数国民横尸街头，亡国灭种已经不是吓唬小孩子的神怪故事了，而是实实在在的威胁。

不过透过本书书页，我们看到了一个个聚集在镰刀斧头下的中华儿女，他们藐视一切困难，更把自身安危置之度外；他们怀着爱国之心，抱着鞠躬尽瘁，死而后已的宏愿，一腔热血，浑身傲骨，松竹肝胆，风霜雨雪历遍。但每一个革命者都知道，通向美好目标的并非坦途。于是他们毅然踏上了艰苦征程，直至最后的胜利。

为了救祖国出苦海，他们付出了巨大的代价，许多人献出了宝贵的生命。贺龙曾说过："革命不怕死，怕死不革命。"是啊，书中的革命战士为了人民的幸福和祖国的昌盛，甘愿以血肉之躯、甘愿以全身骨骼，建设革命事业的高楼。他们用自己的生命向我们诠释了"勇敢"

一词。

刘胡兰，怀着坚定的共产主义信念，视死如归，从容地躺在敌人的铡刀下；赵一曼，强舍下年幼的孩子，从容就义，怒斥敌人："你们可以把整个村庄变成瓦砾，可以把人剁成烂泥，可是你们消灭不了共产党员的信仰！"董存瑞，手举炸药包，炸开了敌人的碉堡，同时用自己年轻的生命为部队开辟了道路；江竹筠，手指被夹烂，被竹签穿透，却打不倒她革命的信念。

从这本书中，我们还能了解到革命先辈们很多鲜为人知的感人故事，如一名农村妇女大骂毛泽东，毛泽东知道后不仅没有怪罪她，反而耐心倾听她的怨言，并把自己养的一头奶羊送给她以解燃眉之急；毛泽东还三次制止中国人民银行将自己的头像印在人民币的票面上；大将许世友曾为和尚，大刀舞得好，曾经一人就劈死了十几个流匪，吓得流匪惊呼"天神下凡了！"，纷纷逃走；日内瓦会议上，面对无理的美国记者，周总理不卑不亢，奋力反击；1960年，刘少奇作为中共中央代表团团长，率团去苏联参加81国共产党会议。按规定，国家发给他5 000卢布的零用费。但到了莫斯科后，他没花一个戈比（1卢布合100戈比），而是把钱全部交给了中国驻苏联大使馆；朱德的澡盆太高不适合他晚年使用，却不允许人改装，认为会浪费钱财，直到1976年他最后一次住进医院后，大家才悄悄地把洗澡盆改装了一下。谁知，他老人家还没有使用一次就逝世了；新中国成立初期，任弼时住的房子很挤，又靠近大街，不适宜养病。组织上两次给他找安静的地方，但是任弼时都拒绝了。他说："现在国民经济正在恢复发展时期，还是把钱用到工业建设上去吧！"就这样，一直到逝世，任弼时始终住在原来的房子里；1949年初夏，邓小平从北平赶往南京。乘轮渡江后，警卫员给邓小平找来一辆黄包车。邓小平见车夫身体很弱，就把皮箱放在车上，自己在后面跟着走。上坡时，见车夫拉得吃力，邓小平和警卫员索性就在后面推……另外还有，张闻天不许儿子坐公车、陈毅不许亲属搞特殊、罗荣桓不住别墅、贺龙和战士蹲在一起吃饭、陶铸“说不多吃就不多吃”、王树声甘居陋室、徐特立让贤、徐立清主动让军衔、萧克不乱花人民的一个钱、万里请人提意见、邓颖超不搞特殊化、张鼎丞向老师赔礼道歉等等小故事。

《老一辈革命家的故事》是献给建党九十周年的一份厚礼！这是一部内容丰富、生动、鲜活的传统教育教材，也是一部喜闻乐见、广为传颂的精品力作，通过讲述革命先辈的感人故事，一定能使大家，特别是“80后”“90后”“00”的青少年朋友从中感受到革命先辈崇高的精神境界、创业的艰难，从而更加珍惜今天的安定幸福生活，也一定能够把革命先辈们为之奋斗的事业继续下去！

知识拓展

本丛书共有八卷，即：《毛泽东的故事》《周恩来的故事》《刘少奇的故事》《邓小平的故事》《开国元帅的故事》《老一辈革命家的故事》《开国大将的故事》《早期革命家的故事》。书中收录的人物，都是在创建中华人民共和国的伟大斗争中和领导人民进行社会主义经济建设的伟大事业中立下了丰功伟绩的老一辈无产阶级革命家，都是中华民族几千年历史上涌现出来的风云人物中的出类拔萃者。他们的道德文章堪为师表，文韬武略出众超群，革命精神足称楷模。他们是我们民族的骄傲！虽然书中所讲述的人物都已离我们而去，但他们留下的精神遗产，则成为我们各民族用之不竭的财富。

进一步阅读书目

高志中.向党旗宣誓——老一辈革命家入党故事.成都：四川人民出版社,2010.

石仲泉、陈登才.老一辈革命家的故事——中共领袖开国元勋故事.北京：中共党史出版社,2006.

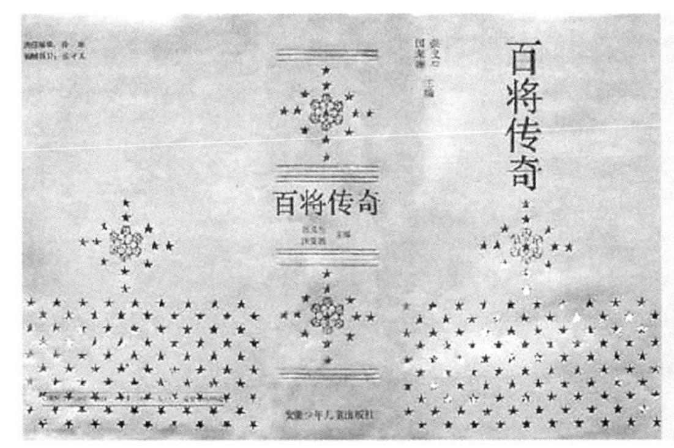

百将传奇

作者简介

张义生，笔名南草，广东大埔人。历任总政文工团演员、创作员，广州军区生产建设兵团创作组长，创作室、办公室主任，总后文工团、八一电影制片厂、总政文工团创作室专业作家，广东省文艺创作室(即省文联)副书记兼办公室主任，解放军艺术学院研究员。1958年开始发表作品。1982年加入中国作家协会。

国荣洲，笔名冯速、汇文，河北武邑人。历任《天津日报》及《天津晚报》编辑、记者，天津第二十三中学教师，新蕾出版社编辑室主任、特约组稿编辑、编审。1959年开始发表作品。1997年加入中国作家协会。著有《世界体坛上的中国冠军》《中华英模风采录》《五张羊皮》《中国风华少年谱》《天津人不能不知道》《圣洁的回归》《佐餐的典故》《锦囊妙计三六九》《天津体坛》《将帅智战故事集》等。《百将传奇》获1993年“五个一工程”图书奖，《中华五千年美德》获1994年“五个一工程”图书奖，其作品还有多种获中国图书奖、金钥匙奖、冰心图书奖、青年优秀读物奖、全国少年优秀读物奖等。

背景介绍

这是一部共产党人的红旗谱，一首中华民族的正气歌。本书汇集了1955年至1964年被授予大将、上将、中将、少将军衔的我军100位高级将领真实而又带有传奇色彩的故事。全书撷取了最能反映将军特性、最能体现将军风貌和品格的精彩篇章，以纪实手法从不同侧面记录了将军们坚韧不拔、智勇过人的风采，热情地讴歌了将军们的光辉业绩和革命精神，再现了我党我军艰苦卓绝的斗争历史。

内容概括

本书收入的100位将军，个个南征北战，出生入死，他们以卓越的军事才能，在中国大地上导演了一幕幕威武雄壮的战争剧，创造了永载史册的业绩。如：陈赓在上党战役中"出奇制胜"，张云逸智设"空城计"，罗瑞卿"大难不死"，王震"断流取城"，李克农在第二次国共合作前的"秘密使命"，洪学智在抗美援朝战争中创造的"奇迹"，苏静在争取北平和平解放中的"特殊任务"，秦基伟指挥"上甘岭大捷"，李德生"雪夜夺马坊"，肖锋智探"火牛阵"，黄文明巧用"掏心战"，廖运周在淮海战役中率部起义等。他们的经历，或从一个侧面，或从一个片段，反映了中国革命波澜壮阔的历史画卷。

知识拓展

新中国成立后，为推进我军现代化建设、满足实际作战指挥的需要，党中央开始酝酿实行军衔制度。1955 年 9 月 27 日下午 5 时，中南海怀仁堂举行了授予十大元帅军衔典礼，这是中国人民解放军第一次实行军衔制。与他们同一批授衔的，还有 10 名大将、55 名上将、175 名中将和 800 余名少将。其中，十大元帅依次是：朱德、彭德怀、林彪、刘伯承、贺龙、陈毅、罗荣桓、徐向前、聂荣臻、叶剑英；10 名大将是：粟裕、徐海东、黄克诚、陈赓、谭政、肖劲光、张云逸、罗瑞卿、王树声、许光达。

进一步阅读书目

高志中. 向党旗宣誓——老一辈革命家入党故事. 成都：四川人民出版社，2010.

石仲泉、陈登才. 老一辈革命家的故事——中共领袖开国元勋故事. 北京：中共党史出版社，2006.

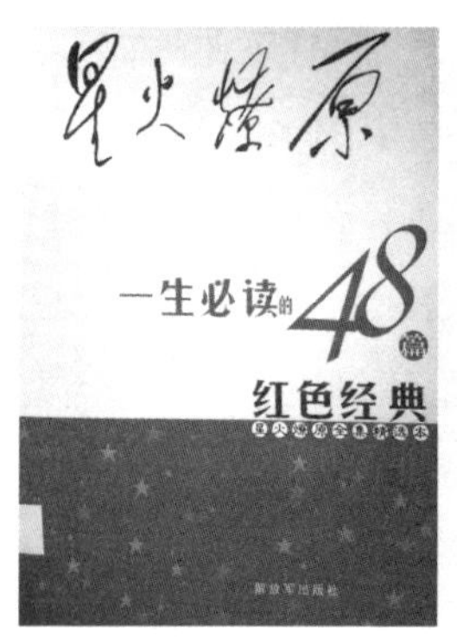

星火燎原全集精选本

作者简介

这本书的作者都是我们耳熟能详的革命先辈们，有毛泽东、周恩来、刘伯承、徐向前等。

背景介绍

在由血与火浇铸成的新中国成立前的军史和党史中，除了正史著作中的叙述之外，究竟还有哪些鲜为人知且颇有价值的史实，值得我们回味思考？在革命斗争中的重大历史事件背后，领导者如何运筹帷幄，历史事件的发生是否有着不可预测的偶然性？在血雨腥风、硝烟弥漫的战争年代，物质匮乏、装备极差的人民军队为何能从最初的失败不断走向胜利，乃至夺取政权，他们如何克服革命道路上无数难以想象的艰难险阻？身处和平年代的我们，应该向革命先辈们学习什么？通过阅读解放军出版社新近推出的革命回忆录图书《星火燎原全集精选本》，对于上述问题的回答一定会有所帮助。

内容概括

什么样的作品能被称为经典？我们把传统的具有权威性的著作称之为经典。那么中华人民共和国出版史上的红色经典又是什么呢？那就不能不说到这套20卷1000多万字的《星火燎原全集》。而从其中精选出来的48篇作品——《星火燎原全集精选本》，可称之为经典中的经典了。

经典是要经得起历史和时间的检验的。现在30～60岁的人，几乎都读过《星火燎原》中的《朱德的扁担》《我跟父亲当红军》《老山界》《冲破天险乌江》《巧渡金沙江》《强渡大渡河》《飞夺泸定桥》等篇章，有的人甚至能流利地背诵其中的不少章节。应该说这些作品曾经伴随着几代人的成长，这些红色经典滋养过他们的心田，成为他们共同的记忆。

在时间跨度上，书中叙事从《"八一"的枪声》到《第十二名爆破手》，反映了自"八一"南昌起义至新中国成立期间的史实，涵盖了土地革命战争、抗日战争、解放战争三个历史时期。从内容方面讲，书中文章内容丰富、不拘一格，既有反映重大历史事件（包括重大战役战斗）的文章，如《"八一"的枪声》《伟大的会师》《强渡大渡河》《飞夺泸定桥》等；也有描写在绝境中不畏艰难，勇于斗争乃至献出生命的革命英雄的篇目，如《潘虎》《十二烈士山》《狼牙山上》《为刘胡兰报仇》《董存瑞》等；还有的文章歌颂了感人至深的战友情、军民情，如《一袋干粮》《九个炊事员》《雷老婆》等，也有颂扬领袖风范的名文，如《朱德的扁担》。总之，书中文章多角度、多侧面地呈现出一幅波澜壮阔、催人泪下的中国共产党领导的武装斗争的历史画卷，可以说其中的每一篇文章都具有很高的史料价值、文学水平与思想深度。

阅读《星火燎原全集精选本》，不仅会使你获得军史、战史、党史、现代史方面的知识，对那些略有所知或鲜为人知的历史有更多的了解，感悟细节深处的历史，更深刻地理解新中国建立的不易；还会让你在获得历史知识的同时，不知不觉地被文学的魅力所感染、所征服，因为本书既具有厚重的历史感，又具有优美的文学性，历史与文学结合颇为融洽、相得益彰。

此外，这些真实感人的文字中所反映出的精神也值得我们好好学习，是我们汲取精神养料的宝库。如《南泥湾屯垦》一文中，通过对南泥湾开荒生活的片段式描写，反映了在毛泽东主席“自己动手，丰衣足食”的号召下，著名的三五九旅将士发扬不畏困难、吃苦耐劳的精神，心怀人定胜天的必胜信念，团结一心，协同作战，勇于同大自然作斗争，最终把荒草地变成了陕北的好江南。此外，在《强渡大渡河》《记一辆纺车》《飞夺泸定桥》《一袋干粮》等文章中也反映了革命将士不畏艰险、顽强拼搏、吃苦耐劳的崇高精神，而在和平年代成长起来的当代年轻人，没有经历过艰苦卓绝、血雨腥风的战争年代，从小处在父母亲人的高度呵护之中，克服困难的勇气和意志力跟革命前辈相比，自然会逊色很多，阅读此书无疑能够潜移默化地受到艰苦奋斗精神的教育，更加珍惜今日来之不易的幸福生活，增强应对人生道路上困难挫折的勇气。中老年人读此书，也会忆苦思甜，继续保持艰苦奋斗的作风。

革命前辈之所以能为了革命事业不畏艰险、披荆斩棘，甚至抛头颅洒热血，最重要的原因之一在于他们对革命充满着必胜的信念。这种执著、坚定的精神也很值得我们学习。反观当今社会，享乐主义、拜金主义之风盛行，导致人心浮躁，世风轻浮，把一味追求物质财富作为人生首要目标的人比比皆是，不少人在人生道路上经不起金钱或权力等的诱惑，放弃了既定目标和职业操守，而沦为金钱的奴隶。阅读此书，一定会有助于我们坚定自己正确的人生理想，而不至于在充满诱惑的人生旅途中迷失航向。

真实是历史作品的重要特点之一，也是历史类著作的魅力所在。本书作为一部革命历史回忆录，书中文章的作者均为革命战争的亲历者，他们当中既有时任我军高、中级别的将领，也有党政方面的负责人，还有普通战士、民众。所选文章均为历史事件的亲历者亲自撰写，文章内容真实，绝非胡编乱造，任意杜撰，具有极高的史料价值。书中对历史细节的描写尤为生动，弥补了史书在叙述同类事件或人物时的不足。比如，《浏阳遇险》中，详细记述了在秋收起义前夕被捕的毛泽东同志如何巧妙脱险、化险为夷，还提到毛泽东在借宿旅店时屡次被拒绝后急中生智，直接进入店中，大喊让老板打洗脚水，老板无奈只得让他住下，通过这些细致具体的细节描述，毛泽东同志机智灵活的特点便跃然纸上。虽然多数人对毛泽东的事迹有所了解，但这些细节还是鲜为人知的。书中类似的例子还有不少。再比如，书中选用了两篇叙述横渡大渡河的文章，虽然都叙述同一事件，但由于作者不同，角度和侧重点自然不同，这样就能起到互相补充、互为佐证的效果，更加丰富了这一历史事件的细节。

知识拓展

本书并不拘泥于历史回忆录著作所固有的朴实文风与秉笔直书的风格，在尊重史实的前提下，进行了一定程度的艺术加工，语言既通俗易懂又生动活泼，具有很强的可读性。文章对人物的刻画较之于历史著作更为细腻、生动、逼真，如《潘虎》中刻画的潘虎形象已被戏剧作品所采用；对历史事件的叙述也颇为具体、细致，如《飞夺泸定桥》中对战斗过程的详细叙述，能让人情不自禁地联想到当年那惊天地泣鬼神的战斗场景。读了这些极富感染力的文章，相信你一定会感动不已。此外，本书独具匠心的编排方式也会让读者有耳目一新之感，书中的辅文部分排印了作者照片与作者简介，还有知识链接，这些内容都有助于读者更好地阅读文章；书中大量插图的使用，也使此书图文并茂，极具历史感，看着一张张经历了岁月沧桑的老照片，会让你的思绪情不自禁地回到当年的战争岁月。

进一步阅读书目

哈战涌主编. 星火燎原——建军的那些人与事. 北京：当代中国出版社，2012.

徐向前等. 星火燎原全集. 北京：中国人民解放军出版社，2007.

雷锋的故事

作者简介

陈广生，笔名晨升，吉林长春人。历任东北军区警卫师文工队员、雷锋生前所在团俱乐部主任，沈阳军区政治部文艺科长、文艺创作室创作员，辽宁作家协会理事。1953 年开始发表作品。1979 年加入中国作家协会。著有散文集《雷锋——我们的榜样》《我们的朋友雷锋》，电影文学剧本《地雷战》《少年雷锋》（合作），传记文学《毛主席的好战士雷锋》《雷锋传》等。《伟大的战士》获 1964 年总政治部优秀作品奖，《雷锋轶事》获 1981 年解放军文艺优秀作品奖，《雷锋的故事》获 1989 年共青团中央、全国少工委“人生的坐标”图书奖。

背景介绍

雷锋精神中的“助人为乐”“勤俭节约”“无私奉献”等，都是现今社会非常需要的精神；这些精神，能够让我们的社会更加和谐，更加充满爱；青少年又是我们的希望，是社会的希望；因此这些精神对他们更为重要。

内容概括

这本书分 30 章，记述了雷锋从出生到牺牲的 21 年的人生经历，时间虽短，但却如夏花般灿烂。

雷锋童年经历过的苦难，是今天的青少年们无法想象的。雷锋曾在一篇日记中写道："我家里很穷，爷爷、父亲、哥哥，都死在民族敌人和阶级敌人的手里，这血海深仇，我永远铭记在心中。"雷锋这么说并不是夸张，他的爷爷被地主逼租死在过年的鞭炮声中；他的爸爸先后遭到国民党和日寇的毒打，伤重不治而死；他的哥哥 12 岁就被生活所迫当上了童工，在繁重劳动的折磨下得了肺结核，后来又被轧伤了胳膊和手指，最后无钱治病而死；不仅如此，他的弟弟因饥饿而死，妈妈受到地主凌辱后自尽。雷锋不到 7 岁就成了孤儿。即使是遭受了这样大的苦难，雷锋也没有对生活失去希望，反而更加积极。

1949 年 8 月，湖南解放时，小雷锋便找到路过的解放军连长要求当兵。连长没同意，但把一支钢笔送给了他。1950 年，雷锋当了儿童团团长，积极参加土改。同年夏，乡政府的党支书供他免费读书，1954 年雷锋光荣地加入中国少年先锋队。

1956 年夏天，雷锋小学毕业后在乡政府当了通信员，不久调到望城县委当公务员，被评为机关模范工作者。1957 年加入共青团。1958 年春，雷锋到团山湖农场就职。同年 9 月，雷锋响应号召，到辽宁鞍山做了一名推土机手。翌年 8 月，到弓长岭焦化厂参加基础建设，曾带领小伙伴们冒雨奋战保住了 7200 袋水泥免受损失，当时的《辽阳日报》报道了这一事迹。在鞍山和焦化厂工作期间，他曾 3 次被评为先进工作者，5 次被评为标兵，18 次被评为红旗手，并荣获“青年社会主义建设积极分子”的光荣称号。

1959 年 12 月征兵开始，雷锋参军入伍。参加人民解放军后，编入工程兵某部运输连四班，他努力钻研技术，后任班长；他全心全意为人民服务，只要是对人民有利的事，他都心甘情愿去做；他曾多次立功，被评为节约标兵和模范共青团员，1960 年 11 月入党，并被选为抚顺市人民代表。

1962 年 8 月 15 日上午 8 点多钟，雷锋和助手乔安山驾车从工地回到连队车场，不顾长途行车的疲劳立即去洗车。当时，战士们在路边栽了一排约两米高的晒衣服的木杆，顶上用 8 号铁丝拉着。雷锋让乔安山开车，自己下车引导，指挥乔安山倒车转弯。汽车的前轮过去了，但后轮胎外侧将木杆从根部挤压断。受顶部铁丝的作用，木杆反弹过来，正好击中雷锋的左太阳穴，当场就打出血来，雷锋昏倒在地。战友们立即用担架把他送到抚顺矿务局西部职工医院抢救，副连长又开车飞速赶到中国人民解放军第 202 医院请来医疗专家。但由于颅骨损伤，脑颅出血，导致脑机能障碍，雷锋不幸去世，年仅 22 岁。

当雷锋殉职的消息传来，几万人涌到部队，想最后见一眼雷锋。当时的抚顺市委书记毅然捐出了为母亲备办的寿材，原本准备在部队举行的追悼会，因要求参加的群众太多，不得不改成全市公祭，10 万人为一个 22 岁的普通士兵洒泪送行，并护送灵柩到烈士陵园。

雷锋的一生只经历过 21 个花开的季节，可是他的模范事迹和高尚思想却在军内外产生了巨大影响。1963 年 1 月 7 日，中华人民共和国国防部命名他生前所在班为“雷锋班”。毛泽东、周恩来、刘少奇、朱德、陈云、邓小平等党和国家领导人为之题词。中国人民解放军总政治部、中国共产主义青年团中央委员会、中华全国总工会和中华全国妇女联合会先后发出向雷锋学习的号召。

知识拓展

毛泽东题词："向雷锋同志学习。"

周恩来题词："向雷锋同志学习：憎爱分明的阶级立场，言行一致的革命精神，公而忘私的共产主义风格，奋不顾身的无产阶级斗志。"

朱德题词："学习雷锋，做毛主席的好战士。"

刘少奇题词："学习雷锋同志平凡而伟大的共产主义精神。"

邓小平题词："谁愿当一个真正的共产主义者，就应该向雷锋同志的品德和风格学习。"

陈云题词："雷锋同志是中国人民的好儿子，大家向他学习。"

董必武题诗《歌咏雷锋同志》："有众读毛选，雷锋特认真。不惟明字句，而且得精神。阶级观清楚，勤劳念朴纯。螺丝钉不锈，历史色长新。只作平凡事，皆成巨丽珍。普通一战士，生活为人民。"

贺敬之的《雷锋之歌》："看，站起来/你一个雷锋/我们跟上去/十个雷锋/百个雷锋/千个雷锋！……/升起来/你一座高峰/我们跟上去：十座高峰，百座高峰，千座高峰！/千条山脉呵，万道长城！……"

郭沫若题诗《一把劈断昆仑的宝剑》跋："毛主席《念奴娇·昆仑》一词中，有句云'安得倚天抽宝剑，把汝（昆仑）裁为三截'。我读了《雷锋日记摘抄》，感觉着雷锋同志就像这样一把宝剑。"（正文略）

叶剑英 1977 年 3 月 3 日题词："向雷锋同志学习，全心全意为人民服务。"

江泽民题词："学习雷锋同志，弘扬雷锋精神。"

杨尚昆题词:“全国人民都要向雷锋同志学习,全心全意为人民服务,为建设具有中国特色的社会主义而努力。”

李鹏题词:“在新形势下把雷锋精神进一步发扬光大,希望有更多的活雷锋在中国涌现。”

乔石题词:“学雷锋精神,做人民公仆,努力建设具有中国特色的社会主义。”

姚依林题词:“发扬雷锋精神,全心全意为人民服务。”

宋平题词:“向雷锋学习,做共产主义事业的接班人。”

李瑞环题词:“雷锋精神永放光芒。”

进一步阅读书目

总政治部.雷锋日记选.北京:解放军文艺出版社,2003.

陈广生、朱亚楠.我们的雷锋.北京:解放军文艺出版社,2008.

王兴东.离开雷锋的日子.北京:解放军文艺出版社,2012.

幸福是什么

作者简介

李春雷，河北省成安县人。国家一级作家，其文学作品曾多次获国内大奖，是获鲁迅文学奖历史上最年轻的报告文学作家。现任河北省作家协会副主席、中国报告文学学会副会长。主要作品有：散文集《那一年，我十八岁》；长篇报告文学《钢铁是这样炼成的》《宝山》《赤岸》《铁壁铜墙》《山生》《摇着轮椅上北大》等，中短篇报告文学《木棉花开》《夜宿棚花村》《索南的高原》等。曾获第三届鲁迅文学奖，第二、三、四届徐迟报告文学奖（历史上唯一蝉联三届的获得者）、全国“五个一工程”奖、冰心儿童文学奖、全国优秀报告文学奖、郭沫若散文奖、首届全国优秀短篇报告文学一等奖、河北省“五个一工程”奖（蝉联五届）、河北省文艺振兴奖（蝉联三届）、第二届全国报告文学“正泰杯”大奖、第一届全国“五一”文化奖等。

背景介绍

“雷锋传人”——郭明义，男，1958 年 12 月生，辽宁鞍山人，1982 年复员到齐大山铁矿工作。1996 年至今，任齐大山铁矿生产技术室采场公路管理员。入党 30 年来，他处处发挥先锋模范作用，在每个工作岗位上都取得了突出的业绩。从 1996 年开始担任采场公路管理员以来，他每天都提前 2 个小时上班，15 年中，累计献工 15 000 多小时，相当于多干了 5 年的工作量。工友们称他是“郭菩萨”“活雷锋”，矿业公司领导则称郭明义使整个“矿山人”的精神得到了升华。他 20 年献血 6 万毫升，是其自身血液的 10 倍多。2002 年，郭明义加入中华骨髓库，成为鞍山市第一批捐献造血干细胞志愿者。2006 年，郭明义成为鞍山市第一批遗体和眼角膜自愿捐献者。1994 年以来，他为希望工程、身边工友和灾区群众捐款 12 万元，先后资助了 180 多名特困生，而自己的家中却几乎一贫如洗，一家 3 口人至今还住在一个 20 世纪 80 年代中期所建的不到 40 平方米的单室里。郭明义曾先后获部队学雷锋标兵、鞍钢劳动模范、鞍山市特等劳动模范、全国无偿献血奉献奖金奖、中央企业优秀共产党员、全国“五一劳动奖章”等荣誉称号，是鞍山市无偿献血形象代言人。

内容概括

《幸福是什么》共 8 章 41 小节，用生动简练的语言和鲜活感人的图片，为读者展示了一个真实感人的郭明义。作者记录郭明义的个人成长历程、干一行、爱一行、专一行的工作精神和坚持 20 年无偿献血、16 年捐资助学、15 年每天提前 2 小时上班的点滴事迹，带动更多的人传递爱心和温暖，成为当代学习雷锋精神的楷模。他的事迹既体现了中华民族的传统美德，也是对“雷锋精神”的生动诠释。我们今天弘扬“雷锋精神”，首先就是要弘扬他做好事不留名的精神，而郭明义正是这样一位雷锋传人。他在自己平凡的岗位上尽己所能地拼搏奉献，如无偿献血、捐款助学、捐物助人、无偿工作等，而最打动人的是那些感人的细节。作品中生动讲述了他三次捐出自家电视机的故事，最后组织上奖励给他一台电视，为了防止他再把它捐掉，特意在电视上贴了张字条“公共财产，不许捐赠”，这才把电视保住了。而他“三捐自行车”的故事也很生动，至今，他每天上班都只好走路，还美其名曰锻炼身体，这既表现出他大公无私、舍己为人的高尚品格，也反映出他乐观、开朗的精神状态。

郭明义感动人的第二个方面是他带动、影响和感染了身边的一群人、一大批人共同投身到奉献助人、学雷锋做好事的热潮之中。例如，北京的一位出租车司机在听了他热心助人的事迹后，主动为白血病同行捐款 100 元。在郭明义每次汇寄捐资助学款的邮局，邮局职工也受到感动而纷纷伸出援手，开始捐资助学。还有成千上万的鞍钢工人同行，都受到郭明义的影响，纷纷加入献血、助人、助学、志愿服务等社会公益活动中去，极大地影响和改善了一个工厂、一座城市的社会风气。正如作者在“笔者感言”中所说——“每一块石头里都沉睡着一个维纳斯，只有爱的钎锤才能将她唤醒。”郭明义就是那把“爱的钎锤”。

作品感人至深的第三个方面，是作者不断凸显和张扬主人公郭明义身上极其宝贵的品格和精神，并用这些精神贯穿全篇。一是甘于平凡岗位、辛勤工作、无私奉献的“螺丝钉精神”。郭明义在参军当炊事员时，从他的第一份工作起，做事就毫不含糊，即便是熬粥这样细小的事情也要每天早起一小时用心去做好。在负责修路筑路过程中，他恪尽职守，认真查找潜在危险，为工厂运矿提供强有力的道路保障。二是作者总结出来的郭明义的“钻机精神”，对自己不懂不会的科技敢于钻研、善于钻研，如他依靠自学拿下了英语资格证书，啃下了进口电动轮的英文说明书，并且主动承担起了与外国专家搭档合作的重任，充当起英语翻译。三是他身上所体现出来的“傻子精神”。鲁迅先生说，世界是由傻子创造和推动的。郭明义在很多普通人看来可能很傻，傻到20年间捐出了15万元，几乎把工资的全部结余都捐掉了，他资助了200多名孩子，还把大量的业余精力放在鼓动更多的同事和鞍山市民投入到公益活动中去。为了献血救人，他甘愿忍着饥饿，以至于献完血竟然昏睡在医院走廊里。他献血，献血小板，献完工资献家里的财物，甚至决心给需要换肾的人捐一颗肾……

知识拓展

《幸福是什么》的作者李春雷对郭明义的第一印象“十分糟糕”：多次电话约见，郭明义推三阻四；好不容易见上面，回答问题也没一个是作者想要的答案；没聊多久，就撇下李春雷自己忙去了……直到第二天早上6点，郭明义约了李春雷来到矿区现场，面对一排排轮胎直径高达3.8米的矿用运输车，李春雷一下子感觉自己渺小了，郭明义则在这矿山之间瞬间鲜活起来。

采访过程中，李春雷也不禁被郭明义“传染”，陆续捐了几千元。“郭明义的意义在于真实、可信、可学。我们普通人只要力所能及做好事，这世界就会越来越温暖，就会变成美丽的人间。”李春雷说，“我们大多数人都怀有一颗善心，也会时不时地去帮助别人。但郭明义把帮助别人当成一种爱好，一种情趣，一种追求，而且持之以恒，变成了一种本能，一种习惯，一种品德。”

进一步阅读书目

赵国春. 风雪人间北大荒. 北京：当代中国、北方文艺出版社，2012.

李向宁，马钧，唐涓. 天路之魂——青藏铁路通车五年纪行. 太原：陕西人民教育出版社，2011.

两弹一星功勋科学家丛书

背景介绍

很长一段时间以来，“两弹一星”的研制情况属于国防机密，鲜为人知。在1999年9月建国50周年前夕，党中央、国务院、中央军委决定，对当年为研制“两弹一星”作出突出贡献的23位科技专家予以表彰，授予或追授他们“两弹一星功勋奖章”，将这段历史郑重地公之于世。“两弹一星”最初是指原子弹、导弹和人造卫星。“两弹”中的一弹是原子弹，后来演变为原子弹和氢弹的合称；另一弹是指导弹。“一星”则是人造地球卫星。本丛书选择以“两弹一星”研制历史为背景，以歌颂“两弹一星精神”即“爱国主义、集体主义、社会主义精神和科学精神”为主题，以10位参与研制“两弹一星”的科学家的个人经历为写作线索，帮助青少年更深入地认识新中国成立后在科技与国防上取得的巨大成就，了解科学精神，学习科学方法，提高和激发青少年的科学研究兴趣与科技创新意识，以“两弹一星”功勋科学家为榜样，树立追求科学的远大理想和爱国精神。

内容概括

由河北少儿出版社出版的《两弹一星功勋科学家》丛书是以“两弹一星”研制为历史背景，以歌颂“两弹一星精神”即“爱国主义、集体主义、社会主义精神和科学精神”为主题，讲述钱学森、钱三强、彭桓武、王淦昌、王大珩、孙家栋、陈芳允、杨嘉墀、邓稼先、王希季等10位科学家的故事。本丛书由国内数位优秀传记文学作家鼎力合作和精心创作而成，是国内第一套披露“两弹一星”研制经过，展示科学巨匠绚丽人生和爱国精神的大型丛书。张爱萍将军为丛书题写书名，中央军委副主席迟浩田将军撰写总序。

中国的“两弹一星”，是20世纪下半叶中华民族创建的辉煌伟业。1964年10月16日我国第一颗原子弹爆炸成功，1967年6月17日我国第一颗氢弹空爆试验成功，1970年4月24日我国第一颗人造卫星发射成功。这是中国人民在攀登现代科学高峰征途中创造的“两弹一星”的人间奇迹。

20世纪50年代、60年代是极不寻常的时期，当时面对严峻的国际形势，为抵制帝国主义的武力威胁和核讹诈，50年代中期，以毛泽东同志为核心的第一代党中央领导集体，根据当时的国际形势，为了保卫国家安全、维护世界和平，高瞻远瞩，果断地做出了独立自主研制“两弹一星”的战略决策。大批优秀的科技工作者，包括许多在国外已经有杰出成就的科学家，以身许国，怀着对新中国的满腔热爱，响应党和国家的召唤，义无反顾地投身到这一神圣而伟大的事业中来。他们和参与“两弹一星”研制工作的广大干部、工人、解放军指战员一起，在当时国家经济、技术基础薄弱和工作条件十分艰苦的情况下，自力更生，发愤图强，完全依靠自己的力量，用较少的投入和较短的时间，攻克了原子弹、导弹和人造地球卫星等尖端技术，取得了举世瞩目的辉煌成就。

“两弹一星”的研制工作者们，是一支特别能吃苦、特别能战斗的队伍。他们在茫茫无际的戈壁荒原，在人烟稀少的深山峡谷，风餐露宿，不辞辛劳，克服了各种难以想象的艰难险阻，经受住了生命极限的考验。他们运用有限的科研和试验手段，依靠科学，顽强拼搏，发愤图强，锐意创新，突破了一个个技术难关。他们所具有的惊人毅力和勇气，显示了中华民族在自力更生的基础上自立于世界民族之林的坚强决心和能力。

这些感人肺腑的人物传记故事，可以帮助人们，尤其是青少年，更深入地认识新中国成立后在科技与国防上取得的巨大成就，了解科学精神，学习科学方法，提高和激发青少年的科学研究兴趣与科技创新意识，以“两弹一星”功勋科学家为偶像，树立追求科学的远大理想和爱国精神。莘莘学子通过这些故事，可以与这些科学巨匠们一起感悟人生，体会科学之美及奋斗精神，从而走向成才、成功之路。

知识拓展

23位“两弹一星功勋奖章”获得者做出贡献的领域及培养单位情况如下：

于敏（1926.8.16— ），氢弹，北京大学。

王大珩（1915.2.26—2011.7.21），卫星、原子弹，清华大学、英国伦敦帝国学院。

王希季（1921.7.26— ），火箭、卫星，西南联合大学、美国弗吉尼亚理工学院。

朱光亚（1924.12.25—2011.2.26），原子弹、氢弹，西南联合大学、美国密歇根大学。

孙家栋(1929.4.8—),导弹、卫星,哈尔滨工业大学、苏联莫斯科茹科夫斯基空军工程学院。

任新民(1915.12.5—),火箭、导弹、卫星,重庆兵工学校、美国密歇根大学。

吴自良(1917.12.25—2008.5.24),原子弹,北洋大学、美国匹兹堡卡内基理工学院。

陈芳允(1916.4.23—2000.4.29),卫星,清华大学、英国 A. C. Cossor 无线电厂研究室。

陈能宽(1923.5.13—),原子弹、氢弹,交通大学唐山工学院、美国耶鲁大学。

杨嘉墀(1919.7.16—2006.6.17),卫星,交通大学、美国哈佛大学。

周光召(1929.5.15—),原子弹、氢弹,清华大学、北京大学、苏联杜布纳联合核子研究所。

钱学森(1911.12.11—2009.10.31),火箭、导弹、卫星,交通大学、美国麻省理工学院、美国加州理工学院。

屠守锷(1917.12.5—2012.12.15),火箭、导弹,西南联合大学、美国麻省理工学院。

黄纬禄(1916.12.18— 2011.11.23),导弹,中央大学、伦敦大学帝国学院。

程开甲(1918.8.3—),原子弹、氢弹,浙江大学、英国爱丁堡大学。

彭桓武(1915.10.6—2007.2.28),原子弹、氢弹,清华大学、英国爱丁堡大学。

王淦昌(1907.5.28—1998.12.10),原子弹、氢弹,清华大学、德国柏林大学。

邓稼先(1924.6.25—1986.7.29),原子弹、氢弹,西南联合大学、美国普渡大学。

赵九章(1907.10.15—1968.10.26),卫星,清华大学、德国柏林大学。

姚桐斌(1922.9.3—1968.6.8),导弹、火箭,交通大学唐山工学院、英国伯明翰大学。

钱骥(1917.12.27—1983.8.28),卫星,中央大学。

钱三强(1913.10.16—1992.6.28),原子弹、氢弹,北京大学、法国巴黎大学。

郭永怀(1909.4.4—1968.12.5),原子弹、氢弹、导弹,南开大学、北京大学、加拿大多伦多大学、美国加州理工学院。

进一步阅读书目

祁淑英、魏根发. 两弹一星功勋科学家·邓稼先. 石家庄:河北少儿出版社,2001.

奚启新. 钱学森传. 北京:人民出版社,2011.

祁淑英. 邓稼先:中国著名科学家传记. 北京:中国社会出版社,2008.

院士的故事

作者简介

邢筱萍，北京中关村中学党总支书记兼校长。依托独特的环境优势，努力“创造适合学生发展的教育，搭建引领学生成功的舞台”，邢筱萍带领全体教职员工走出了一条由初级到高级、由普通到示范的可持续发展的创新之路，学校也发展成为拥有 91 个教学班、4000名学生的海淀区最大的北京市示范性高中。她的《创造适合教师发展的环境，搭建引领教师成才的舞台》等多篇论文在北京市、区获奖。

背景介绍

广受现代科学与技术恩惠的当代青少年往往会有科学梦。通过了解生活在我们周围的中国科学院和中国工程院院士鲜为人知的故事，让广大青少年读者体会到引领我国科技发展的科学家们是如何在科学人文精神的引领下，通过不懈的努力去一步步圆梦成才的。

内容概括

为了营造崇尚科学的校园文化氛围，邢筱萍等人充分利用中关村中学地处高科技园区核心区的优势，组织学生走进科研院所、著名高校进行参观、访问、开展研究性学习。编者们征集了140多名院士给学校的题词，在“腾飞”校刊上开辟了“院士的故事”专栏，编辑了《院士的故事》丛书。《院士的故事》共汇集了29位院士的故事，这些院士都是学界泰斗，是出类拔萃的科学家。他们中有的是某一学科的开创者、奠基者，有的撷取了某一领域的明珠或填补了百年空白，在国内外有很高的知名度。他们在我国的经济、生活中发挥了不可替代的作用，为我国的科技事业、国民经济和社会发展，为我国的国防建设作出了突出贡献。

本书分为三部分，第一部分讲述了“在狂风中织网”的电工学家严陆光院士、满腔热忱报效祖国的我国现代大气科学奠基人叶笃正院士、我国国防水声科研事业奠基人汪德昭院士、我国第一枚火箭设计与制造者王希季院士、千年飞天圆梦人王永志院士、声学大师马大猷院士、“我国氢弹之父”的于敏院士、国家最高科学技术奖获得者刘东生院士、为祖国毕生勘探石油的刘光鼎院士、第一个走遍神州大地的农学家卢良恕院士、著名物理学家周光召院士、科学与艺术融于一身的冼鼎昌院士、系统真菌学家女院士郑儒永、著名数学家王元院士、用梅花精神办梅花事业的陈俊愉院士、气象学和地球流体力学家曾庆存院士、生态学家阳含熙院士、控制论与人工智能专家戴汝为院士、双星计划首席科学家刘振兴院士、北京正负电子对撞机的研制者叶铭汉院士、我国计算机的先驱张效祥院士、数学王国的巨人吴文俊院士、爱国知识分子的优秀典范钱学森、为我国现代国防事业英勇献身的郭永怀院士、获得世界杰出女科学家成就奖的第一位中国人——李方华院士、天文学家王绶琯院士、有“当代神农氏”之称的杂交水稻之父袁隆平以及昆虫学家张广学院士的成长、求学、科研故事，体现了他们青少年时期勤奋刻苦、奋发进取的学习精神和勇于创新、坚持不懈、百折不挠的工作精神。

第二部分选刊了一部分学生的读后感，青年学生们在读过了每位院士的故事后，都有他们自己的看法，比如他们读完周光召院士的故事体会到“学贵于行”的精神，向王元院士学习做有知识、有理想、有道德的人，要学习刘光鼎院士“一生之计在于勤”的学习精神，感受李方华院士“耐住寂寞静心研究”的高尚品质等。这样一些直观、真实、生动的体会，既让我们看到了院士们的平实故事给这些青年学生们带来的震撼和影响，也能带给更多青年读者更多的感受。

第三部分是作者的后记《永远的感动》，作者记录了他在采访过程中直接接触到这些院士的小小事件和感受。在作者眼中，这些院士谦虚谨慎，功高而不骄。在采访周光召院士前，作者听闻院士是“两弹一星功勋奖章”获得者，国际编号 3462 的小行星被命名为“周光召星”，他还是美国科学院、俄罗斯科学院、欧洲科学院等十一个国家和地区的科学院院士……采访前，作者颇费心思地设计了第一句话：“您是世界知名的杰出科学家……”可这句话刚一出口，就被院士连连挥动的大手打断了，“你可别这么说……”态度诚恳，语调真切。接下来两个多小时的采访，他不讲自己的辉煌业绩，只讲自己的不足之处和让青少年获益无穷的感受，真的让你有一种高山仰止的感觉。他们治学严谨，一丝不苟。采访的每一篇文章都经院士亲自审阅，并认真地批改。年逾九十的马大猷院士在秘书柯豪老师批改后，百忙中又审阅修改，连一些小地方也不放过，诸如将“人大会堂”改为“人民大会堂”，将“探测科学奥秘”改为“探索科学奥秘”……然后郑重地签上了自己的名字；总之，他们在科学用语上追求准确，而在描述自己时，却宁愿不到位，也不肯多一分。他们尊敬教师，礼贤待人。采访的院士都是成绩卓著知名度很高的科学家，有的还是科学院或是国家领导人，而作者只不过是一名普通的教育工作者，但是在每一位院士那里，作者都受到了礼遇和尊重。采访时，他们对提出的问题总是尽量回答，让作者很快消除了拘束，甚至产生一种相见恨晚的感觉。他们钟情教育，重视青少年的成长。院士的工作十分繁忙，即使年事已高的院士也都重任在肩。他们一般没有时间接待媒体，也不需要去宣传自己，但是他们却拨冗接待了“我这个小小的校刊编辑”，对青少年的关怀之情溢于言表。

知识拓展

在研究酝酿过程中，我们想起了当年徐迟所写的《哥德巴赫猜想》。《哥德巴赫猜想》的成功，无疑给了我们重要的启示：同样是写科学内容，作家徐迟居然能将绝大多数人难以理解的世界数学难题，写得令普通百姓都能理解；同样是写科学家，作家却能写得有声有色，甚至成为当时脍炙人口的谈论热点。徐迟的成功，其中重要的一点，就是借助了文学语言的魅力。文章写得好看，即使专业极其冷僻，读者也会被深深吸引。

进一步阅读书目

何祖斌编. 科学梦与成才路：院士的故事. 上海：上海教育出版社，2012.

中国工程院编. 天命——讲述院士的故事给你听. 北京：人民交通出版社，2013.

郑延彗主编. 点滴小事成大器——院士讲的故事. 成都：四川少年儿童出版社，2006.

袁隆平传

作者简介

祁淑英，河北滦南人，中国作家协会会员。先后在《河北青年报》《河北日报》从事编辑、记者工作。曾担任《河北青年》杂志社总编辑、花山文艺出版社副总编辑。先后出版长篇小说《废墟》《唐山大地震记事》《鸳鸯剑》等。报告文学《妈妈，五丫对您说》获河北作协文学创作奖。退休后，与丈夫魏根发合作撰写的长篇传记文学《钱学森》《钱三强》《邓稼先》荣获第十三届中国图书奖，其中《钱学森》获全国第二届苹花杯优秀传记文学作品奖。

背景介绍

20 世纪 80 年代初，当袁隆平被印度农业部前部长斯瓦米纳森博士庄重地领上国际学术会议的讲坛时，这位博士把袁隆平称为“杂交水稻之父”，并郑重地向各国专家介绍说：“他的成就不仅是中国的骄傲，也是世界的骄傲。他的成就给世界带来了福音。”90年代，当袁隆平站在美国罗德岛菲因斯特“拯救饥饿奖”的领奖台上时，美国前总统顾问、农业部部长助理帕尔伯格教授则称赞袁隆平：“他的研究成果击退了饥饿的威胁，袁正引导我们走向一个营养充足的世界。”这就是外国人眼中的袁隆平。这位曾经在湘西一所农校里当了多年穷教员的农业科技人员，成了世界级的大科学家，成了中国最权威的学术机构之一——中国工程院的院士。在世纪之交的喜庆日子里，党和国家最高领导人在人民大会堂向他颁发了“国家最高科学技术奖”证书和奖金；有关权威机构还把天上的一颗小行星命名为“袁隆平星”。

内容概括

祁淑英、魏晓雯合著的《袁隆平传》，多角度、多层面地向广大读者展现了袁隆平这位高大（隆）而平凡（平）的人物的曲折经历和心路历程，扣人心弦，引人深思。

袁隆平出生在一个知识分子家庭，从小受到良好的教育。他的母亲发现这个幼小的心灵对大自然充满幻想，对绿色世界怀有一份爱心，便十分珍爱他的童心，逐渐培养他的兴趣。袁隆平少年时期，多难的祖国正受到日本入侵，中华民族英勇抗战的壮举，激发了他强烈的爱国主义情感。当他开始懂事时，他意识到人生是一盘永远都下不完的棋，他把自己当做一个过河卒子，拼命前进，永不后退。学农，是他人生的一个重大抉择。他把自己喻为一粒种子，不管撒在土地上的任何一处，都会生根发芽。

袁隆平的性格中有平和的一面，又富有挑战性。他具有非凡的创新胆略，敢为天下先。尊重权威，但不迷信权威，他对外国人的权威观点敢于质疑，大胆提出自己的创见。他的“水稻杂交优势利用”的科学选题，就是这样提出来的。在三年自然灾害时期，他和广大群众一样挨饿，却以非凡的勇气向威胁着人类的“饥饿恶魔”挑战。他在人生道路上也经历了许多坎坷和磨难，但他相信，走过秋天的泥泞、冬天的风雪，就会迎来春天的曙光。他相信，穿行在磨难之中，自己的智慧就会发出璀璨夺目的光芒。他经历了太多曲折，却一直坚持“杂交水稻”项目的科学研究，与他的助手一起，在崎岖的科学道路上百折不挠地攀登前行，就像到西天取经的唐僧，经历了九九八十一劫难，终于获得了成功，达到了“光辉的顶点”。

袁隆平人格之可贵，在于他是以自己的创造勇气来从事事业，又以平常心来对待自己的成就。他始终能以平常心来对待自己，拒绝做官，始终用平常心来对待自己喜爱的事业。他效仿爱因斯坦，失意时不气馁，得意时不忘形，分外之事虽有利而不为，分内之事虽无利而为之，不为名利而心动，始终安于自己的农业科学研究。

袁隆平在科学研究上有着丰富的想象力，而在为人上却脚踏实地、忠厚诚实，具有中华民族的传统美德。他对家庭、爱情的执著，同他对科学的执著是一样的。因此，他是一个具有完整人格的人。我们从祁淑英、魏晓雯的《袁隆平传》中读到的，就是这样一位既平凡又伟大的科学家袁隆平。

知识拓展

袁隆平有两个心愿：一是把“超级杂交稻”合成；二是让杂交水稻走向世界。这是袁隆平的心声，一种博大的爱。为了实现这个心愿，他从成绩与荣誉两个“包袱”中解脱出来，超然于名利之外，对于众多的头衔和兼职，能辞去的坚决辞去，能不参加的会议一般不参加，梦魂萦绕的只有杂交稻。他希望杂交水稻的研究成果不但能增强我们国家自己解决吃饭问题的能力，同时也为解决人类仍然面临的饥饿问题做出更大的贡献。因此，袁隆平把帮助其他国家发展杂交稻当作为人类谋幸福的崇高事业。为此，他还受聘担任了联合国粮农组织的首席顾问。

世界杰出的农业经济学家唐·帕尔伯格写了一部名著，叫《走向丰衣足食的世界》，书中写道："袁隆平为中国赢得了宝贵的时间，他增产的粮食实质上降低了人口增长率。他在农业科学的成就击败了饥饿的威胁。他正引导我们走向一个丰衣足食的世界。"

进一步阅读书目

王利. 袁隆平——中国杂交水稻之父. 北京：团结出版社，2013.

袁隆平口述，辛业云访问整理. 袁隆平口述自传. 长沙：湖南教育出版社，2010.

袁妲. 袁隆平谈人生. 长春：长春出版社，2012.

飞天嫦娥刘洋

作者简介

夏友胜，《东方今报》社社会新闻部副主任、首席记者，曾荣获第十六届中国新闻奖二等奖。

背景介绍

刘洋，女，汉族，河南省安阳林州市人，中共党员，学士学位。1978 年 10 月 6 日出生，1997 年 8 月入伍，2001 年 5 月入党，现为中国人民解放军航天员大队四级航天员，少校军衔。曾任空军某飞行大队副大队长，安全飞行 1680 小时，被评为空军二级飞行员。2010 年 5 月正式成为我国第二批航天员。经过两年多的航天员训练，完成了基础理论、航天专业技术、飞行程序与任务模拟等各类各科训练任务，以优异成绩通过航天员专业技术综合考核。2012 年 3 月，入选神舟九号任务飞行乘组。神舟九号顺利升空，成为第一位飞天的中国女航天员，被评为“2012中华儿女年度人物”。

内容概括

在我们的心中，不仅有着对“飞天嫦娥”刘洋的羡慕，更有着对这位“神女”的好奇。《飞天嫦娥刘洋》这本书用饱含深情的笔触和镜头，告诉我们一个真实的刘洋，一个淳朴的“神女”，揭示了一个航天英雄的成长经历……这些细节和特写，多数都是没有见之于报刊的独家揭秘，多数都是震撼人心的精彩故事。

本书内容主要分为童年刘洋、少年刘洋、蓝天梦生、人生蝶变、幸福婚恋、嫦娥飞天六大部分，根据成长轨迹解读航天员身份之外的刘洋。

刘洋出生于一个普通工人家庭，父亲刘士林原为郑州市第一食品机械厂技术科的助理工程师，母亲牛喜云原是郑州轻型汽车制造厂职工。他们的老邻居说：“刘洋长得像她爸，小妞长得谈不上多漂亮，但是很精神，对人也有礼貌。”“一家人非常朴实，你看他们穿的衣服就知道。”“不像别的小孩，穿得花花绿绿爱打扮。”

上了小学的刘洋，是老师眼中的“好苗子”：“刘洋很低调、内敛，衣着、用具都非常朴素，做啥事儿都特别认真，一个字、一个小题拿不准都会问。”所以在她的同学眼中，“这个小妞啥都会”，最后“全票”保送上初中。上了中学的刘洋喜欢读书，冬天抱着被子看书；在班集体中是威严的班干部，早就显露出自己的“大将之风”。上了高中的刘洋更加突出，人称“万里挑一”，是班里的“证书专业户”，并且参加了飞行员的种种考试，最后以高出一本线43分的好成绩被空军长春飞行学院录取，成为一名女飞行员。在这个过程中，爸爸摆摊修车为她挣学费，累到吐血。

进入航校后，刘洋曾经因为身体素质较差历经了无数痛苦，为了能早日飞上天，刘洋付出了比别人多好几倍的汗水。刘洋回忆："第一次跑万米的时候，非常非常痛苦。因为有一种上不来气的感觉，我当时一直鼓励自己，我说再跑一圈，再跑一圈再跑一百米、一百米，就用一百米、一百米鼓励自己不断跑下来的。"就是因为这样的坚持，刘洋取得了很大进步。2002 年，当时 24 岁的女飞行员刘洋第一次正式亮相，她已经飞过四种气象。在 18 名同批的女飞行员中，执行远程跨区重要保障任务，她是第一个。沉稳低调，是刘洋留给众人的第一印象。2001 年 6 月，刘洋被分配到广空航空兵某师。一次，刘洋驾驶着战鹰进行仪表飞行，飞机刚离地，刘洋发出"收起落架"的口令时，便听到"嘭"的一声，一股鲜血直喷到挡风玻璃上。瞬间，座舱内便充满了焦煳味，刘洋凭直觉判断是飞机撞鸟了。紧接着，机械师报告："右发动机温度升高，动力下降。"危急情况下，刘洋表现出了一个年轻飞行员少有的镇静，集中精力保持飞行状态，和机组人员密切协同，采取正确的方法着陆。11 分钟后，终于使飞机在跑道上降落成功。下飞机一检查，飞机撞上了 18 只信鸽，有两只被吸进了吸气道。如果当时处理不当，后果不堪设想。

四年航校毕业后，2001 年 6 月，刘洋和姐妹们被分配到素有"女飞行员摇篮"之称的广空航空兵某师，成为应急机动作战部队的一名飞行员。从此，刘洋更加刻苦地钻研飞行技术，珍惜每次飞行的机会。

作为跨世纪的飞行员，刘洋并不满足于"两杆一舵"的生活，在飞行之余，她还擅长朗诵和演讲。在部队举行的一次英语演讲比赛中，她无限憧憬地说："只要坚持到最后/推开窗外/就会发现你的玫瑰正在盛开/作为女飞行员/祖国的蓝天就是我心中神圣的玫园。"

2012年6月中旬，神舟九号飞船将搭载3名宇航员发射升空，中国首位女宇航员也将搭载飞船进入太空。中国人民解放军航天员大队男航天员景海鹏、刘旺和女航天员刘洋组成飞行乘组，执行这次载人交会对接任务。在13天的太空之旅中，刘洋体验了太空自行车，对天宫一号进行了一次大扫除，在太空中翻了筋斗，玩了魔方，还展示了一段中国功夫。

2012年6月29日上午10时许，神舟九号返回位于内蒙古中部草原上的主着陆场，依次经历制动飞行、自由滑行、再入大气层、着陆四个阶段，于11时许，3名航天员依次平安出舱。刘洋出舱后微笑着挥手向大家致意。

知识拓展

杨利伟：诚实·可爱

选拔刘洋的时候是我去面试的，有一个细节给我留下了很深刻的印象。当时，我们在他们部队进行面试的时候，有个环节是考她们的英语口语。我们先面试的是另一个女飞行员。当面试刘洋的时候，没想到，她很坦然地对我们考官说，先面试的那个飞行员已经和她讲了你们要问的一些口语题目，请你们出新的题目。这一刻，我顿时感到了她的诚实和可爱。她认为战友互相之间竞争是良性的，诚实是第一位的。

母亲：孝顺·懂事

刘洋从小就特别孝顺。上初中那会儿，家里经济条件差。初二考试她考得好，学校发了10块钱奖学金。她也没告诉我们，就问她爸穿多大的鞋，过了几天她就买了一双回力鞋给他爸。那时候，一双回力鞋就是10块钱，她全花了，没给自己买一点东西。到了初三，她又得了 10 块钱奖学金，给我也买了一双回力鞋。她还说，你们要锻炼身体啊。

教练员：阳光·勤奋

刘洋是个很阳光的女孩，多才多艺，亲和力很强。在航天员中心，她可是各种娱乐活动的主持人。前段时间，到酒泉卫星发射中心参观烈士陵园，她把看到胡杨、戈壁之后的感言朗诵给我们听，把我们都打动了。她的文采也很好，平时喜欢写写东西。

在训练场上，她很勤奋，很认真，关注每一个细节、每一个动作；善于同教员沟通、和同伴交流。遇到不懂的问题，她会打破砂锅问到底。记得有一次我们演练一个故障的时候，和手册写的稍微有点不太一样，她马上来问我，并将相关的内容也问了一遍。

中学班主任：几乎没变

刘洋毕业后曾经回到家乡看望过自己高中三年的班主任武秋月，武秋月的丈夫庞人龙至今还清晰记得刘洋当时到家里的情景。庞人龙说："她当时穿的是便装，样子和上高中的时候几乎没有什么变化。"当时刘洋给武秋月带了几块巧克力，刘洋告诉他们，那是专门发给飞行员的巧克力，平时自己舍不得吃，专门存下带回来给老师尝尝的。庞人龙当时还和妻子开玩笑说，托她的福，自己也吃上了飞行员吃的巧克力了。那次相见，刘洋只在武老师家里待了一个多小时，后来庞人龙就再没有见过刘洋，只是从妻子的嘴里偶尔听到刘洋结婚了，曾经有一家民航公司动员刘洋转业要把刘洋挖走、刘洋谢绝了之类的消息。"这几天看到媒体报道，我一眼就认出了她，这么多年了，这孩子几乎没有怎么改变。"庞人龙说，自己的妻子这几年一直重病在床，知道刘洋成了航天员的候选人后，妻子也高兴，妻子还希望告诉刘洋，希望刘洋能够梦想成真、平平安安，也希望刘洋能够再回来看看她。

进一步阅读书目

曹荣. 中国20位魅力女主播的人生智慧. 北京：中国时代经济出版社，2012.

刘进军. 天使的翅膀——宇宙飞船. 北京：航空工业出版社，2012.

周凤广，徐克俊等. 戈壁天港. 北京：中国宇航出版社，2011.

石磊，左赛春主编. 神舟巡天：中国载人航天新故事. 北京：中国宇航出版社，2009.

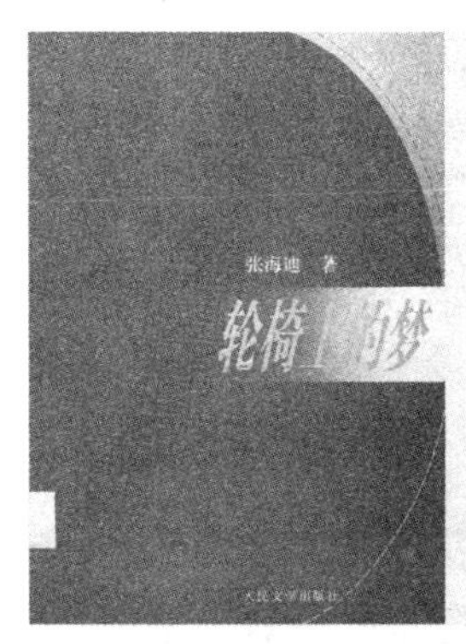

轮椅上的梦

作者简介

张海迪，山东济南人，哲学硕士，山东省作家协会创作室一级作家，第九届、第十届全国政协委员，中国残疾人联合会副主席、中国作家协会全国委员会委员，山东省作家协会副主席。张海迪五岁时因患脊髓血管瘤，高位截瘫。因此她没进过学校，童年起就开始以顽强的毅力自学知识，她先后自学了小学、中学和大学的专业课程。张海迪十五岁时随父母下放聊城莘县一个贫穷的小村子，但她没有惧怕艰苦的生活，而是以乐观向上的精神奉献自己的青春。在那里她给村里小学的孩子们教书，并且克服种种困难学习医学知识，热心地为乡亲们针灸治病。在莘县期间她无偿地为人们治病一万多人次，受到人们的热情赞誉。1983 年张海迪开始走上文学创作的道路，她以顽强的毅力克服病痛和困难，精益求精地进行创作，执著地为文学而战，至今已出版的作品有：长篇小说《轮椅上的梦》《绝顶》；散文集《鸿雁快快飞》《向天空敞开的窗口》《生命的追问》；翻译作品《海边诊所》《丽贝卡在新学校》《小米勒旅行记》《莫多克——一头大象的真实故事》等。她的作品在社会上引起了青少年读者的强烈反响，长篇小说《轮椅上的梦》已在日本、韩国出版。

背景介绍

该书是作者的自传体小说，是张海迪在轮椅上完成的梦。在命运残酷的挑战面前，作者没有沮丧和沉沦，而是对人生充满了信心。在这部小说里她怀着“活着就要做个对社会有益的人”的信念，以方丹这一人物形象回答了亿万青年非常关心的人生观、价值观问题。

内容概括

残疾少女也许是孤独自卑、失望无助的。然而被禁锢的心灵往往又是更加向往自由的。高远的天空，风牵着白云缓缓飘过，悄无声息，它也许并不知道，有一双眼睛正从一个窗口注视着它。这个心灵充满着认知的激情，创造的欲望，还有对爱情的浪漫幻想。

作者用第一人称写方丹，用第三人称写她身边的一群朋友，想以此拓宽方丹的生活空间。方丹、谭静、罗维娜、马燕宁、许和平、黎江、杜翰明，在那些鲜活的青春岁月里，他们有过美丽的梦想，有过朦胧的爱情渴望，也有过痛苦的迷惘，可他们依然对生活倾注着热情。

方丹有许多梦，对许多人来说，这也许不是个梦，因为它触手可及，然而这一切却因方丹是个病孩子的现实而变得不容易。

她渴望健康。其实这是每一个人特别是那些不幸的人的梦想，只是这个梦对于方丹来说太沉重，永远也无法实现。开始她还相信自己总有一天能被治好，也憧憬活蹦乱跳、和朋友嬉戏追逐的快乐时光，就像得知她的爸爸要带她去治病时的激动心情，那时她确实是个沉浸于美梦中的天真小姑娘。然而现实不断追加的残酷打击，摧毁了这个美梦，方丹也从梦中醒了。精神的重创实在令人绝望，然而她却无暇顾及，更多的是面对现实，重新编织一个个美丽的梦，为自己，也为他人。

她渴望安宁，没有战争，但那时的政治环境并不比战争年代好多少，紧张得足以令人窒息的气氛，人人自危的恐怖环境，限制了她的视野，摧毁了她热切成为一名文艺兵的梦想，也破坏了家庭团圆和友谊，甚至让她开始怀疑，开始思想斗争。那样的日子她压抑过，流泪过，绝望过，期待过，而心惊肉跳的内心更多的是对安宁生活的向往。

她渴望友谊。她可以永远是病孩子，也可以长期忍受病痛的折磨，却无法面对孤独的现实。屋外孩子们的嬉笑声对于孤独中的方丹来说简直是一把把刺刀，刺痛了她的心，却也时时激励她去追求纯洁的友谊。其实，“孤独”二字谁都承担不起，感谢上苍怜悯这个不幸的女孩，让她得到了本该拥有的友谊，享受一群真心付出的朋友带来的快乐与忧伤，更让她尝到了爱情的滋味。

她渴望知识。生活为方丹截断了那条常人走的路，这就必然地让这样一个坚强勇敢的女孩走上一条不平凡的道路，这样的道路会让她更坚强更睿智，这就是思想的道路。那一幕幕为书而展开的生死斗争尤其扣人心弦、撼人心灵，这样的精神实在难能可贵，让人肃然起敬。拼命地阅读，不断地汲取养分，即使是“禁书”，因为在方丹的世界里，书是良师益友，是书陪她度过多少个孤单的日夜，不断地鼓舞她的斗志。这样的女孩实在令人“自惭形秽”，今天有如此良好的阅读条件，可是越来越多的人失去了阅读的兴趣和动力，遗憾啊！

她渴望奉献。“奉献”是个崇高的词，而这个平凡的病孩子竟乐意奉献。给父母奉献安心和孝心，给朋友奉献真情和快乐，给陶庄奉献知识、健康和爱心……她挣扎着，只希望自己的价值得到世人的认可。这样的奉献既令人心疼，更令人感动和敬佩！

这是一个喜剧，轮椅上的方丹让梦变成了现实，然而这个过程又何尝不令人感到心酸呢？这也是作者张海迪以其个人经历为蓝本而创制的剧本，真实地再现了“中国的保尔”顽强不屈、追求梦想的精神，值得用来激励每一个人。

知识拓展

1991 年，张海迪的主治医生直言不讳地告诉她患了癌症的消息。深感意外的张海迪此时想了很多很多。她说：“对于死亡，不同的人有不同的理解。对于我来说，首先希望它能够解脱我永远不能解脱的这种病痛。但我又愿意坚持，因为人生有很多很多的滋味在里边，即使是痛苦，我也愿意用生命来体验，并用笔头描述这种痛苦及征服这种痛苦的感觉。一句话，我愿意替大家品尝这种痛苦。”由于张海迪患的是异部细胞癌，为了防止打麻药导致癌细胞扩散，医生建议手术时最好不使用麻药。张海迪平静地接受了这个建议。躺在手术台上的张海迪意识清醒地同癌症展开了最残酷的较量。首先是冰凉的刀片在她身上划出了切肤之痛，紧接着是刮骨的声音，刮得她刻骨铭心，最后是在刀口处一针一线地缝合了四十多针……始终沉默不语的张海迪被推出手术室时，拉住丈夫的手诙谐地说：“如果是白色恐怖时期，我是不会当叛徒的，我真的不会当叛徒……”就这样，张海迪用一种“铁人”精神，征服了癌症，战胜了自己。

进一步阅读书目

张海迪. 绝顶. 北京：作家出版社,2009.

张海迪. 生命的追问. 北京：作家出版社,2009.

（美）海伦·凯勒. 假如给我三天光明. 北京：中国画报出版社,2011.

姚明的故事

作者简介

王艳娥，央美阳光图书工作室主编。央美阳光图书工作室是一家专业的图书制作工作室，主要从事少儿、生活、社科等图书的选题策划、编辑组稿、原创童话、插图绘制、翻译等工作。曾成功推出了包括《注音彩绘本——世界文学名著经典》(海燕出版社，共 100 本)、《名人故事多格漫画》(大象出版社，共 12 本)、《注音彩绘本——中国经典故事》(大象出版社，共 40 本)、《彩绘本成语故事》(青岛出版社)、《彩绘本童话故事》(青岛出版社)、《大象成长系列图书》(大象出版社，共 5 本)、《儿童精典悦读》(海豚出版社，共 16 本)等在内的近 200 部(套)儿童优秀读物，在全国儿童读物市场有着很大的影响力。

背景介绍

榜样的力量是无穷的，好的榜样能给我们积极的思想、正确的行为、良好的习惯、完善的人格，树立了榜样就等于找到了自己前行的方向。《姚明的故事》选自《榜样的力量》丛书，希望每位青少年都能找到自己的榜样，帮助自己不断进步。

姚明是中国篮球史上影响力最大和最耀眼的明星。他从小立志要为国家赢得荣誉，长大后他坚持不懈地努力，终于成为震惊整个篮球世界的超级明星。他将中国体育带入了一个新的高度，并以其巨大的社会号召力被评为中国十大杰出青年之一。时至今日，姚明的影响力已经越出篮球场，迅速扩展到各个领域。他出色的表现和随时听从祖国召唤的爱国精神，使他带给人们的思考已经远远超过了体育本身。

对祖国的情感、对现在的把握和对未来的期待，都将使他成为中国体育和 NBA 发展史上的巨星。

内容概括

本书分为六章，第一章简介了姚明的童年时光和崭露头角；第二章介绍了姚明夺得亚洲冠军并且威震悉尼，展现出自己杰出的能力；第三章中，“明王朝”由进驻休斯敦开始了自己的国际化进程，初登 NBA 赛场，开始了新的梦想；第四章中，不仅讲到姚明在篮球事业上的辉煌，如带领中国队再登亚洲之巅、鏖战小牛、出征世锦赛、成为 NBA 第一中锋，还讲到姚明面对伤痛不放弃，坚持不懈；第五章讲述了姚明的“光荣与梦想”，取得 22 连胜，成为火箭版三巨头，并在北京奥运会上带领中国队杀出重围，取得了历史性的好成绩；第六章则是轻松的一章，不仅讲述了“小巨人”姚明和叶莉的爱情故事以及他们的多彩生活，还讲到姚明热心公益事业，为社会和国家做出自己的贡献，并成为了中美友谊的使者。

姚明的影响力已经远远超出篮球运动本身，他是全中国青少年共同的精神偶像。更加难能可贵的是，他的故事是真实的。姚明不是凭借华丽的辞藻、媒体的炒作编织出来的国人骄傲，而是一个活生生的、与我们处在同一时代的普通人。正因为如此，他的成功带给我们的启迪就更加发人深省。

标志性的寸头，线条分明的面部轮廓，低沉的声线，即使不打篮球，凭着睿智的头脑和认真的态度，他同样也能成为一个杰出的人。帮热门动画片配音，拥有自己品牌的餐厅，喜爱电玩，面对闪光灯总会冒出一连串值得玩味的幽默。不知从什么时候起，姚明已经成为人们眼中值得学习与效仿的好榜样！

对篮球运动来说，身高是姚明成功的重要因素之一；但在球场上，仅有天赋是不够的。姚明的每一点成就，都是通过个人的努力拼搏和不懈奋斗赢得的。2000 年，姚明就率领上海大鲨鱼队向 CBA 总冠军发起挑战。在历经三年的挫折失败以后，他最终在 2002 年获得成功，创造了中国篮球史上闻所未闻的神话：一个人打败一个王朝。

此外，姚明对待生活与财富的态度也令人欣赏。他那奋进努力的态度、机智幽默的个性、赤诚的拳拳爱国之心，都足以成为我们学习的楷模。

知识拓展

姚明是不是史上最重的婴儿？

姚明是自幼天赋异禀、酷爱篮球，还是几经波折、赶鸭子上架？

中美体育教育制度究竟孰优孰劣？

姚明同学对姚明的评价如何？

姚明小时候曾被篮球专家认定为运动能力很差?

姚明的父母最希望姚明上哪个大学?

李秋平被“姚老板”下课源于个人恩怨?

姚明与王治郅的中国第一中锋之争。

姚明在美国训练因不扣篮被罚跑圈?

姚明曾被上海队逼迫签署卖身契?

八年“姚王争霸”恩怨缠结。

进一步阅读书目

杨毅. 姚明传. 北京: 新星出版社,2012.

齐小侠. 嘘! 你不知道的姚明. 北京: 化学工业出版社,2013.

王猛. 平视姚明. 北京: 华文出版社,2010.

国 歌

作者简介

袁子弹，湖南邵阳人，作家、知名青年编剧，代表作有小说《国歌》，电视剧《国歌》《日出东山》《郁达夫》等。

背景介绍

《义勇军进行曲》诞生于1935年，剧作家田汉作词，中国新音乐运动的创始人聂耳作曲。这首歌原为电影《风云儿女》的主题歌。影片《风云儿女》描写的是“九一八”事变之后，日本帝国主义侵占了中国的东三省，中华民族处于生死存亡的危急关头，在国民党反动统治下，一些知识分子从苦闷、彷徨中勇敢地走向抗日前线。田汉在写完这部电影故事以后，便遭反动派逮捕，主题歌词是写在一张香烟的锡箔衬纸上的。聂耳主动拿走歌词，在他去日本前完成歌谱初稿，到日本后不久，把歌谱全部完成寄回。歌曲随电影的放映，更由于救亡运动的开展，流传于全国每一个角落，被称为中华民族解放的号角。

在新中国成立前夕，人民政协开会商讨国歌。著名画家徐悲鸿和著名建筑学家梁思成委员力荐以《义勇军进行曲》作为国歌。毛泽东、周恩来当即表示支持他们的意见。但有人认为新中国就要成立了，而此歌的歌词中“中华民族到了最危险的时候”已经过时了，主张改词。周恩来发言，提醒大家要居安思危，安不忘危，留下这句话，让我们耳边警钟长鸣。1949 年 9 月 27 日，全国政协第一届全体会议通过决议，在中华人民共和国国歌未正式制定前，以《义勇军进行曲》为国歌。1982 年 12 月 4 日，第五届全国人民代表大会第五次会议正式将《义勇军进行曲》定为中华人民共和国国歌。

内容概括

《国歌》以《义勇军进行曲》的创作为事件中心，结合抗日救亡的历史大背景，回顾中国由沉沦至自救乃至自强的艰难历程，细腻而富有层次地展示出危亡之际全民族的生存状态，这其中有痛苦与彷徨，更有奋起与抗争。但不管是为挽救民族危亡以文艺为武器，以纸笔为刀枪的奔走呼告，还是为救民于水深火热而上阵杀敌挥洒满腔热血，都是中华民族觉醒过程中一股强大精神力量的大爆发。这股力量凝聚起四亿同胞赤子之心共同杀敌，共御外侮，直至彻底结束近代百年屈辱历史，组建崭新的中华人民共和国，完全独立于世界民族之林——这是民族之魂的一次大喷发与大凝聚，《国歌》将让今天的我们再次震撼并骄傲于它的强大力量！

本书以国歌的创作者田汉和聂耳为人物中心。全书表现了危亡之际以田汉为首的一批爱国知识分子的精神和思想状态。主人公田汉与聂耳虽然有着不同的生活境遇，不同的思想性格，但都有着共同的民族魂、民族血性。他们都在挽救民族危亡的洪流中苦苦思索、艰苦奋斗。于是，风云际会之下，两人血液里融汇的中华民族坚强不屈的性格和奋起图强的强烈愿望，使他们的灵魂和思想相互碰撞、激荡，迸发出忍受了百年欺凌的中华民族内心深处独立抗争自强的震天呼吼：一个谱出了催人奋进，激昂民族精神的《义勇军进行曲》，一个呼出了全国人民万众一心拼死向前，誓死卫国的雄壮歌词。词曲在炮火与热血中交融，国人争相传唱，成为那个时代的标志与象征，从更深处激发中华民族最原始最强大的民族力量和生命力量，引导中国人民奋勇前进直至彻底独立。这是那一辈知识分子艺术家共同承担的必然历史责任和时代使命，他们成就了一个永恒的标志与象征，《义勇军进行曲》也理所当然地成为中华人民共和国国歌。

《国歌》塑造的不是革命军人，而是一群在战场上手无寸铁的文艺精英，描写的是年轻的艺术家们的另一种青春绝响。

《义勇军进行曲》的艰辛创作，是整个小说的最高潮。书中出现的人物夏衍、安娥、金焰、王人美、周信芳、黎锦晖等文化精英，在国家民族最危难之际表现出了高度的奋起与坚持精神。

知识拓展

专家点评说，这是一本小说同时又兼具纪实文学性质，作者笔触深沉，熟悉历史，作品以文学的形式再现了义勇军进行曲词创作的背景。人物刻画真实生动，又依据历史进行了文学创作，情节起伏，引人入胜，感人至深。

从骨子里爆发的声音，需要被铭记！看完这部小说，我想每个中国人都会重新审视自己的民族，并为之感到深深自豪！

——《恰同学少年》作者黄晖

《国歌》浸透并记载着中华民族的痛苦血泪和奋斗历程，它凝结着全中国人民的坚强意志和伟大气魄，它是永恒的民族脊梁，它高昂的旋律将永远激励一代又一代中华儿女奋勇前进！

——中央电视台

《义勇军进行曲》是我会唱的第一首歌，也是我教孩子会唱的第一首歌。时代会变，但浸透了国歌词曲的中国人特有的精神永不会变！

——全国政协委员张杰庭

进一步阅读书目

董健. 田汉传. 北京：北京十月文艺出版社，1996.

王懿之. 聂耳传. 上海：上海音乐出版社，1992.

五星红旗

作者简介

邢华琪，笔名华琪、华欣、方舟等。国旗文化研究会会长，中国军事写作协会副会长。历任教导员，北京军区党委秘书、组织处长，总政治部办公厅秘书局副局长、编研室主任等职。长期从事党建工作和政治工作，多次参与党内和军内重要文献和法规的起草与修改工作。擅长以哲思散文的笔触写作，是全国知名的国旗文化和雷锋精神研究方面专家，研究时间长、功底厚、成果多。长期钟情于“五星红旗”研究。2001 年他带领同事编纂《五星红旗大型图集》，2005 年举办“我爱你，五星红旗”展览，2009 年推出电视文献片《五星红旗》；又出版《五星红旗》一书，被誉为“蘸着心汁写国旗”的人。

背景介绍

1999 年，邢华琪随军事代表团访美，所到之处都可以看到飘扬的星条旗，让邢华琪受到震动，一种使命感油然而生——一定要为宣传五星红旗做一点事情。

从美国回来，邢华琪就开始收集、购买具有史料性、思想性、艺术性尤其是唯一性的五星红旗照片，10 年下来，他购买了 1000 多张，花去二三十万元。这些照片涉及方方面面，其中，有无数个“第一”：毛泽东升起的第一面五星红旗，天安门群众游行第一次以国旗为先导，五星红旗第一次在奥运会上升起（1952 年），五星红旗第一次在联合国升起，国旗护卫队第一次升旗仪式……

为采撷那些鲜为人知又感人至深的国旗图片和故事，邢华琪利用休息时间，走遍北京的新闻单位、博物馆、档案馆和书店，亲睹了毛泽东亲手升起的第一面五星红旗，细读了朱德、郭沫若、曾联松等设计的 38 幅国旗图案原稿，采访了天安门广场“业余”升旗 26 载的北京市民胡其俊，访问了《歌唱祖国》的词曲作者王莘……

内容概括

五星红旗是中华人民共和国的国旗，是中华人民共和国的象征和标志。为了深入贯彻《中华人民共和国国旗法》，增强公民的国旗意识，弘扬爱国主义精神，河北省新闻出版局、河北省出版总社组织编纂，河北少儿出版社出版了大型纪实图集《五星红旗》。全书以国旗为主线，采用精美图片、动人故事与严谨史事相结合的形式，记录了国旗的历史，再现了国旗的难忘时刻。通过上至国家领导人，下至普通民众、海内外炎黄子孙对国旗的真情表达，体现了亿万中华儿女对祖国的无限热爱，从国旗的角度反映人民共和国由诞生、发展、壮大，走向新世纪、新时代的辉煌历程。为满足广大读者的需要，在编纂大型纪实图集《五星红旗》的同时特意编选了这部精编本。《五星红旗》是一部以图配文、图文并茂的共和国国旗史，也是一部国旗的“百科全书”。

人们常说，五星红旗是无数革命先烈的鲜血染成的，是新中国的标志。自鸦片战争以来，无数的仁人志士和革命先烈为了民族的独立和人民的解放，抛头颅、洒热血，置个人生死于不顾，前仆后继、英勇奋斗，用鲜血和生命换来了五星红旗的诞生。鲜红的旗面上，凝聚着中华儿女的不屈不挠和自尊自强，蕴含着中华民族的坚毅、勇敢和智慧。特别是新中国成立以来，五星红旗引领我们这个古老而年轻的民族从贫穷走向富强，从腐朽走向新生。五星红旗代表着独立自由、民主繁荣的新中国，燃烧着炎黄子孙的信念、理想、激情和梦想。五星红旗诉说着人民军队 80 多年来的光荣与梦想，诉说着新中国成立一个甲子的辉煌成就，诉说着共和国半个多世纪的伟大跨越，诉说着中华儿女对祖国母亲的深深挚爱，并在每一阶段都烙有鲜明的时代印痕。世界从五星红旗上看到了中国的国家形象、民族精神、人民团结、经济发展、灿烂文化和国际地位。五星红旗像一座巍峨的丰碑，屹立在中华民族辉煌的历史之中，这就决定了五星红旗题材作品不仅对军队乃至对全社会都具有理想示范和精神激励作用。其次，五星红旗是爱国主义和革命英雄主义的象征，有着雄浑阔大、深沉激越、金戈铁马的美学品格，较之于其他题材作品，更能弘扬爱国主义和革命英雄主义的民族精神。爱国主义是凝聚全民族力量的旗帜，革命英雄主义是我们克敌制胜的法宝。五星红旗所张扬的对祖国和人民的忠诚，对光明的笃信和向往，对信念的坚守，对理想的执著，对责任的承担以及勇于牺牲、甘于奉献的崇高精神，正是爱国主义和革命英雄主义的核心内容，也是社会主义和当代革命军人核心价值观的强大支撑，而这种崇高昂扬的精神正是军队乃至全民族最宝贵的精神财富。所以，《五星红旗》无疑是弘扬爱国主义和革命英雄主义精神最好的教科书之一。

一部好的作品，也是民族历史的珍贵记录。那一幕幕因国旗而发生的感人肺腑的故事和图片，那一摞摞卷帙浩繁故纸堆中的史海钩沉和追寻，形成了《五星红旗》内容丰富、生动感人的特色。在读者翻开这本精美庄重书籍的一刹那，一股扑面而来的清香就能将读者引入编写者生动细腻、以事寓情、以景寓情、情景交融的娓娓道来，内心涌动着一种庄严与崇高的生命体验，在思想与灵魂的深处感受到理想和信念的强大冲击，令许久以来积压在心头的困惑消逝于无形，在茅塞顿开之后，体味到一种壮怀激烈的酣畅淋漓与豪气。从江竹筠在渣滓洞狱中绣红旗，到200多名航天人绣出宇航员翟志刚的"太空国旗"；从香港电影工作者在新中国国庆用人体摆成五星的升旗仪式，到美国华人科学家王赣骏乘坐航天飞机第一次在太空展示的五星红旗；从雕塑家高庄将五星嵌入国徽而历尽磨难的人生，到胡其俊一人在天安门广场升国旗26年默默耕耘的一生；从长春市300万人为一个患绝症的7岁盲童编织"天安门广场"升国旗仪式，到天安门国旗护卫队向升国旗44年的99岁藏族老阿妈次仁曲珍赠送"共和国第一旗"……全书40个故事紧紧围绕国旗展开，各自独立成篇，又浑然一体，首尾相连。一个个经典的国旗故事让每一位读者的心情久久都不能平静，一种发自内心的荣誉感和责任感会油然而生，继而又升华为对五星红旗的更加挚爱和眷恋。这份直击心灵深处的感受，不仅是一个人具有的一种有益资源，能促进他的人生发展，而且有利于彰显他的人生价值。

《五星红旗》一书挖掘了大量与国旗有关的珍贵史实，忠实记录了一件件鲜为人知的故事，详尽述说五星红旗从中国走向世界、从陆地飘向海洋、从地球飞向太空的一个个难忘瞬间，不但具有很强的知识性、趣味性和可读性，同时又有很强的史料价值和思想内涵。这些国旗故事真实感人，对于进一步激发人民群众和部队官兵的爱国热情，弘扬民族精神和时代精神，都有积极的意义。

知识拓展

《天安门国旗，为一个士兵定格》是一篇写雷锋的天安门情结、国旗情结的文章。这是一篇邢华琪执意要写，且写了一年，至今仍未完成的文章。

1958年10月，国庆节刚过，雷锋从长沙千里迢迢赴鞍山，支援鞍钢建设。途经北京转车，有一个难得的逗留时间，雷锋没有选择参观故宫、北海、天坛，而是选择去天安门广场，当时雷锋认为，不驻足天安门广场，不看到毛泽东主席升起的第一面五星红旗，就意味着没有到过北京。当年，陪同雷锋到天安门广场的，有一位姑娘，叫易秀珍。雷锋在天安门广场留下两张照片，其中一张就送给了她。这张照片，易秀珍已整整珍藏50年。邢华琪想，雷锋这位在共和国文明史册写下绚烂一笔的平凡士兵，应该写入共和国国旗的史页。但要完成《天安门国旗，为一个士兵定格》一文，邢华琪特别希望能听听当年与雷锋同行的姑娘——易秀珍的叙述。

10年前，邢华琪曾两次与易秀珍通电话，这位与雷锋有着特殊感情的姑娘，当年随雷锋从长沙来到鞍山，后又跟随雷锋到弓长岭铁矿，她对邢华琪说，雷锋没日没夜地干，有她的悉心照应。雷锋用被子去盖雨中的水泥，易秀珍就悄悄把自己的被子给雷锋。雷锋入伍后，还专程来看过她。雷锋牺牲后，易秀珍曾写下这样一段文字："你渴了，他就是一滴水；你饿了，他就是一粒粮；你心里暗了、冷了，他就是一团火，一线阳光……"邢华琪两次与易秀珍通话，都听到她失声哭泣。

可惜，当年易秀珍留下的电话号码已经打不通了。邢华琪找雷锋当年的团长吴海山要电话号码，得知吴海山已病故；找接雷锋入伍的参谋戴明章（曾主编《回忆雷锋》一书，书中收录有易秀珍的文章）要电话号码，但戴明章也于不久前永远倒在宣传雷锋的讲台上……邢华琪不敢再往下找了。其实，用两三个小时，邢华琪就可以将《天安门国旗，为一个士兵定格》一文写出来，但他还是想找到如今已是70岁开外的易秀珍，想让她带着读者回到那个难忘的年代。

进一步阅读书目

《五星红旗》撰写组. 五星红旗. 北京：华艺出版社，2010.

金彩霞，周祥龙主编. 光荣与梦想：国旗国歌国徽国都知识问答. 南京：南京大学出版社，2009.

中国少先队 60 年

背景介绍

中国少年先锋队前身为中国少年儿童队，成立于 1949 年 10 月 13 日。但中国少年儿童的革命组织，从 20 世纪初的劳动童子团算起，已有接近 100 年的历史了。革命战争时期的少年儿童组织在中国革命的各个时期，都有革命的儿童组织活跃在父兄身边，为人民的解放事业做出贡献。从 1921 年中国共产党成立之日起，党就十分重视儿童组织的建设。在中国少年儿童运动发展的历史上，不同的革命历史时期，有不同的革命儿童组织。中国最早的革命儿童组织叫劳动童子团，成立于第一次国内革命时期（1921—1927 年），是由中国共产党先后在武汉、上海、广州、天津、唐山等大城市建立起来的。从党的儿童组织成立的第一天起，共青团就受党的委托直接领导儿童组织，围绕党的工作开展了一系列活动。

内容概括

《中国少先队 60 年》以画册的形式，浓缩展示了中国少先队 60 年的产生、成长和发展的历程；体现了 60 年来党和国家领导人对中国少年队的无比关怀和殷切希望；反映了中国少先队 60 年来全国少工委和各省少先队工作的主要内容及取得的辉煌成就。《中国少先队 60 年》是中国少年队 60 年的生动鲜活的辞典，在让我们回顾历史的同时，也让我们努力于现实的今天，并展望充满希望的美好未来。

全书分为六个部分，图文并茂地讲述了中国少年先锋队从建立到今天的发展历程。第一部分讲到中国共产党对中国少年先锋队的亲切关怀和殷切期望；第二部分“我们的传统”讲述了革命战争时期，从劳动童子团到共产主义儿童团，再到抗日儿童团和解放时期的儿童团、地下少年先锋队的发展历程。第三部分讲述了新中国成立后少先队组织的发展和丰富多彩的活动。第四部分讲到在改革开放的春风吹拂下，少先队组织更加蓬勃发展起来。第五部分讲到了在 21 世纪，中国少年先锋队的进一步发展情况以及建队 60 周年的庆祝活动。第六部分“我们展望未来”表达了对未来的憧憬，以及 60 张少先队员的笑脸。60 年来，少先队用鲜艳的红领巾、神圣的队礼、嘹亮的队歌和庄严的呼号激励少年儿童，帮助他们迈好人生的第一步。少先队组织少年儿童以小主人的姿态，以纯洁的心灵、幼嫩的双手，为国家的建设和发展发挥着力所能及的积极作用。

知识拓展

在中国少年先锋队建队 60 周年的时候，我代表党中央，向全国少先队员表示热烈的祝贺！向为红领巾事业付出心血和汗水的广大少先队工作者表示诚挚的问候！少先队是我们党在新中国成立伊始创立的少年儿童群众组织。60年来，在党的领导下，在共青团的带领下，少先队主动适应时代要求，充分发挥自身优势，广泛开展一系列适合少年儿童特点的活动，为促进少年儿童健康成长发挥了不可替代的重要作用。60年来，在党的阳光雨露哺育下，在星星火炬照耀下，一代又一代少先队员开启了人生的奋斗航程，逐步成长为党和人民需要的合格建设者和可靠接班人，为推进我国社会主义革命、建设、改革事业做出了突出贡献。经过60年的奋斗，中国特色社会主义事业取得了举世瞩目的巨大成就。要实现中华民族伟大复兴的宏伟目标，还需要一代又一代人长期艰苦奋斗。今天的预备队必将成为明天的生力军。希望全国少先队员牢记党和人民的重托，在德、智、体、美等方面全面发展，争当热爱祖国、理想远大的好少年，争当勤奋学习、追求上进的好少年，争当品德优良、团结友爱的好少年，争当体魄强健、活泼开朗的好少年，时刻准备着为建设富强民主文明和谐的社会主义现代化国家贡献智慧和力量。

少先队组织和少先队工作者要大力发扬优良传统，积极探索当代少年儿童成长规律，不断开创少先队工作的新局面。共青团组织要切实履行全团带队的光荣职责，更好地发挥少先队团结、教育、引导少年儿童的重要作用。我相信，有党和政府的高度重视，有全社会的热情关爱，有全国少先队员的共同努力，星星火炬在发展中国特色社会主义的伟大进程中一定能够放射出更加灿烂的光芒！

——胡锦涛致信祝贺中国少年先锋队建队60周年

红领巾的来历：1922年2月13日，世界上第一个由工人阶级政党领导的少先队组织，在苏联莫斯科诞生了。刚成立的少先队，没有特殊的标志。那时的饥饿、困难正威胁着苏联人民，当然考虑不到少先队的标志问题。列宁的夫人克鲁普斯卡娅十分关心下一代的成长,建议共青团给少先队员们设计一种特有的标志。在一次接受新队员的大会上,来参加会议的先进女工把自己的红色三角头巾解下来系在少先队员的脖子上,勉励他们说:“戴着它,别玷污了它!它的颜色同革命烈士鲜血的颜色是一样的!”红领巾就这样诞生了。

进一步阅读书目

傅忠道.共青团知识文库:少先队基础知识问答.北京:中国青年出版社,2012.

梁照堂,朴绍基.红画往事.广州:广东人民出版社,2011.

张树军等.青少年学习中共党史丛书.北京:中共党史出版社,2011.

中华正气

作者简介

杨良化，资深新闻从业人员，先后在《人民日报》任编辑、记者、高级记者，《人民日报·海外版》任主编，《市场报》任副总编、总编，《新闻战线》任总编辑。

背景介绍

中国百年近代史也是一部中华抗争史。名家撰文，史海钩沉，《中华正气（上下）》再现林则徐、龚自珍、魏源、洪秀全、冯子材、黄遵宪、左宗棠、邓世昌、康有为、谭嗣同、孙中山、宋教仁、秋瑾、蔡元培等35位近代历史人物的惊世风采。本书通俗易懂，图文结合，是最适合中小学生阅读的中国近代史读本。

内容概括

本书分上下两册。上册包括民族英雄林则徐、关天培虎门殉国、三元里的怒吼、维新思想的先驱龚自珍、杰出的爱国思想家魏源、三总兵浴血守定海、裕谦与镇海保卫战、陈化成喋血吴淞口、抗英保土的台湾道士姚莹、洪秀全与太平天国革命、洪仁和他的救国自强方策、忠王李秀成大败“洋枪队”、老将冯子材血战镇南关、伟大的爱国者黄遵宪、左宗棠长歌出塞复新疆等内容。下册包括徐骧誓死保卫祖国、丘逢甲慷慨悲歌怀宝岛、康有为图存变法、谭嗣同气贯长虹、寿山将军宁死不降敌、杨儒威武不屈争国权、义士景廷宾“扫清灭洋”、伟大的革命先行者孙中山、辛亥元戎黄兴、为宪政流血的宋教仁、革命军中马前卒邹容、“鉴湖女侠”秋瑾、徐锡麟慷慨赴死、陈天华敲响警世钟、铁血男儿林觉民、志在中华腾飞的冯如、詹天佑自强不息、人世楷模蔡元培、廖仲恺浩气长存等内容。这些人有着不同的身份，不同的事迹，但他们所怀的都是拳拳爱国之心，都为中华民族作出了杰出贡献，无论岁月如何流逝，他们的浩然正气永存，他们热爱祖国，勇于奉献的精神值得我们学习。

知识拓展

“中华”是“中国”与“华夏”的合称，自古有之，又称中原、中土，在古代代表着先进的文化和地区，又代表着创造这一先进文明的汉民族。1912 年，“中华民国”将其加进国号，从此“中华”又有了现代国家的含义；而在地理方面“中华”已经不只是指代中原地区，而是整个中国的疆域；民族方面也不只是指代汉民族，而是生活在中国疆域内的所有民族，还包括生活在海外的华人、华裔。

“中华民族”一词流行于梁启超所撰之的《东籍月旦》，在《历史上中国民族之观察》一文中，梁启超7次以上使用了“中华民族”一词，并明确地指出其含义，“今之中华民族，即普遍俗称所谓汉族者”，它是“我中国主族，即所谓炎黄遗族即汉族。”以后，孙中山提出淡化汉族说法，由中华民族代替，中华民族包含和汉族一样具有文明的民族。

进一步阅读书目

孙家正主编.爱我中华丛书.南京：江苏少年儿童出版社，1992.
山东大学等.中华魂丛书.济南：山东人民出版社，1992.

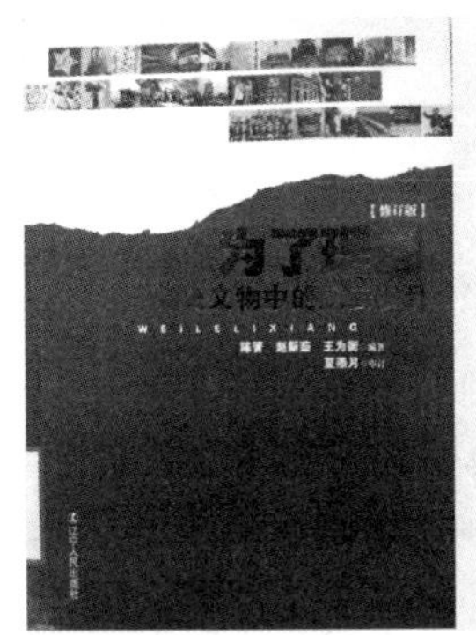

为了理想

——党史文物中的风云岁月

作者简介

陈晋，中央文献研究室副主任、研究员，兼任中国毛泽东诗词研究会副会长、全国毛泽东文艺思想研究会副会长等。

背景介绍

90年来，中国共产党的宝贵财富值得我们珍藏，中国共产党的优良传统值得我们学习。气贯长虹的先进精神，感天动地的典型人物，革命建设的英雄壮举，凝聚在点点滴滴，定格于永恒瞬间，驻足回望，我们会感悟许多，收获许多。

与历史同行，让丰碑永在，让我们用心去感悟中国共产党的伟大和光荣。

内容概括

陈晋等编著的《为了理想——党史文物中的风云岁月》是新闻出版总署庆祝中国共产党成立 90 周年的重点图书。本书以中国共产党 90 年的奋斗历程为线索，按时间顺序精选党在各个历史时期有代表性、典型性的党史文物图片，经过再创作，编写成能见物见人且有情节的生动故事，通过文物及故事，反映出中国共产党人的远大理想、崇高追求、高尚的人格，以及无私无畏的奋斗精神，热情讴歌中国共产党带领全国各族人民战胜各种艰难险阻，在革命、建设、改革的历史进程中不断取得新的胜利，为理想奋斗的丰功伟绩。这是一本青少年党史教育的优秀通俗读物。该书以文物为切入点，选取中国共产党人在 90 年历程中“为了理想是怎样奋斗的”这一主题组织素材，以翔实的史料、简练的文字、珍贵的党史文物图片，浓缩了中国共产党九十年艰苦卓绝的奋斗历程，歌颂了无数革命先烈可歌可泣的英雄事迹，生动地展示了一代又一代共产党人为理想而奋斗的丰功伟绩，为新时期理想教育提供了一部生动的教材。

该书文物的选取以小见大，故事的编写见物见人，突出反映共产党人的精神境界，既通俗生动，又尊重史实。该书的明线是党史文物背后一个个的故事，暗线是党的历史。全书以文物及故事引领，又以革命理想这个主旨串在一起，让读者有亲临革命博物馆的感觉。

这本书共包括十一部分，其中还细分为五十个小部分。主要讲述了 90 年来，中国共产党历经了抗日战争、解放战争、改革开放以及逐步走向国家富强的奋斗历程：摧毁封建专制的牢笼，建设人民当家做主的政权；推翻帝国主义的压迫，完成民族独立和解放；摆脱贫穷与战乱的困扰，实现中华民族的伟大复兴，每一步经历都饱含着党和人民的智慧与艰辛、隐忍与创新、感动与悲愤……在众多的党史图书中，这本书图文并茂，以图讲史，语言生动，更能为广大青少年读者所接受和喜爱。我们每翻开一个篇章，首先看到的是一张张文物图片；看到图片，读者自然会泛起好奇之心，继而看到的是生动的故事简介。比如在第二章中，我们看到了一张照片，上面是只有一大半的皮带，还被烫上了“长征记”三个字。那么这条皮带是怎么回事呢？它的背后又有怎样的故事呢？照片的旁边，有这样的故事：1936年7月初，红四方面军在第三次穿越茫茫数百里的草地时，一个叫周广才的战士所在的班，从14个人减少到7个人。他们背的干粮吃完了，可以充饥的野菜、草根也被前面的部队挖得找不见了。他们只好吃起身上用牛皮做的枪带、皮带。其他六位战士的皮带都吃光了，该轮到周广才的了。当战友们吃完皮带的第一个眼的前面那一节后，周广才实在忍不住，恳求地说：咱们饿着，也别吃了，把它留下来吧，这是我的战利品呀。大家终于忍着饥饿，把这唯一可吃的大半条皮带留了下来。长征结束后，周广才在皮带的背面烫上“长征记”三个字，一直珍藏着。

像这样的文物和故事还有很多，大多是我们很少见到的；通过这些革命文物，我们能够非常清晰地了解当时的场景。所以说，这是一本“博物馆”式的图书，值得每个人去阅读。

进一步阅读书目

中共中央党史研究室. 中国共产党历史. 北京：中共党史出版社，2011.

《党的文献》编辑部编. 中共党史重大事件述实. 北京：人民出版社，2008.

白云涛. 中共党史珍闻录. 成都：四川人民出版社，2012.

青少年学习中共党史丛书

作者简介

张琦，中央党史研究室研究员，中共党史出版社原社长，中国中共党史人物研究会常务副秘书长，享受国务院政府特殊津贴。与他人合著《中华民族抗战史》，共同主编《红军长征纪实》《军史辉煌》等丛书，撰写《历史选择——长征中的红军领袖》《雄才大略的统帅》等专著。受中央党史研究室委托主持撰写和摄制大型理论文献片《光辉历程——从一大到十五大》《光荣行》《走进新时代》等，均荣获“五个一工程”奖。

李颖，中央党史研究室第一研究部副巡视员兼三处处长，研究员，中国中共党史学会副秘书长。新世纪“百千万人才工程”国家级人选。参加《中国共产党历史》第一卷的修订工作，出版《陈独秀与共产国际》等专著，主编《从一大到十七大》等书籍，在各类报刊发表学术论文 70 余篇。

张树军，中央党史研究室室务委员、秘书长，研究员。享受国务院政府特殊津贴，入选“四个一批”“百千万人才工程”。参与《中国共产党历史》第一、第二卷的写作。主要著作有《红军长征史》《张国焘》《大转折》《延安整风实录》等，多次获国家级奖项。

背景介绍

《中共中央关于加强和改进新形势下党史工作的意见》指出，在青少年中进行党的历史的教育，使青少年更多地了解党的历史，是资政育人工作的重要组成部分。为此，中央党史研究室、教育部、共青团中央共同策划，组织党史专家与高校教师撰稿，编写出版这套《青少年学习中共党史丛书》。丛书按照新民主主义革命时期、社会主义革命和建设时期、改革开放新时期三个历史时期介绍党的 90 年的历史，同时还介绍了新中国成立前为新中国诞生而英勇牺牲的革命先烈和新中国成立后各条战线的英雄模范。丛书共 20 册，60 余万字，800 余幅图，图文并茂，准确生动地展现了中国共产党 90 年的奋斗历程和光辉业绩。2011 年年初，中组部、中宣部等六部委已将这套丛书列为全国青少年学习党史的重要内容。

内容概括

青少年的未来，就是国家的未来。青少年的命运，就是中华民族的命运。在青少年中开展党的历史教育，是使他们更多地了解党的历史，进行革命传统教育的着力点。为此，由中央党史研究室、教育部、共青团中央共同策划，龙新民、张静如主编，众多党史研究专家与高校教师编写的《青少年学习中共党史丛书》已由中共党史出版社出版。20 册丛书分别为：《中国有了共产党》《井冈山上红旗扬》《红军不怕远征难》《抗日烽火遍中华》《延安精神耀千秋》《中国命运大决战》《血沃大地铸忠魂》《中国人民站起来了》《新中国扬帆启航》《建立社会主义新制度》《在探索中曲折前进》《十年内乱与抗争》《大转折前的序曲》《伟大的历史转折》《神州涌动改革潮》《面向世界的中国》《春天的故事》《走进新时代》《科学发展谱新篇》《名垂青史映丹心》。从内容上看，可以说，这是一部"袖珍党史"，这部"袖珍本"党史丛书，具有如下几个特点：

第一个特点是丛书主题鲜明。丛书共分20册，以《中国有了共产党》开篇，以《科学发展谱新篇》收笔，较为系统地阐述了近代以来，中国人民为什么选择共产党、为什么选择马克思主义、为什么选择社会主义道路、为什么选择改革开放的历史原因。丛书还单独列出了两册英雄谱，即《血沃大地铸忠魂》和《名垂青史映丹心》，重点介绍中国共产党史上革命先烈和英模人物的光辉业绩，让广大青少年能更加清楚革命先烈们的付出，进而学习他们身上的奉献和奋斗精神。相信广大青少年一定能够从中获得智慧和营养，从而更加自觉地为实现中华民族的伟大复兴而努力学习和奋斗。

第二个特点是理在事中，浅显生动。本丛书的语言生动活泼、通俗易懂，以青少年喜爱的笔法叙述了中共党史中发生的重大事件、召开的重要会议、作出的重要决策、涌现的重要人物和取得的重大成就，并以较丰富的故事情节和历史细节，来展示中国共产党90年走过的辉煌历程。丛书作者均从事实出发，从事实中推理，将事实和推理有机地结合在一起，全力避免陷入"以论代史"的桎梏。这使得全书既能全面地描绘历史的本然，又能客观地道出历史的规律，夹叙夹议，少有沉闷之感，非常适宜青少年的阅读和学习。

第三个特点是实事求是，可信度高。丛书对中共党史上的功过是非论述得当。对于党的成就和经验能做到"写足""写够"，对于党所犯的错误及其后果也能做到“写真”“写实”。比如，在《井冈山上红旗扬》中对党内发生的三次“左”倾错误的叙述，在《在探索中曲折前进》中对“大跃进”和人民公社化运动的分析，在《十年动乱与抗争》中对“文化大革命”的评价，都能以严肃的态度和语言来书写，既不回避，也不渲染。这种处理历史问题的方式，让人觉得中国共产党史真实可信，让广大青少年更易接受和相信。

第四个特点是简明扼要，图文并茂。要知道，将中国共产党 90 年波澜壮阔的发展历程浓缩于一套 60 万字的丛书之中并描述清楚并不是一件易事。何况要让青少年朋友们喜欢阅读，更是难上加难。丛书出色地完成了这一任务。它用精练、准确的语言讲述历史，用尽可能小的篇幅来表达最大容量的内容。丛书每册仅 3 万字左右，却配有 40 幅以上的插图，全书累计插图达 800 幅以上。用图片说明历史，会增强文本的鲜活力。它能让一个又一个真实的历史细节，一位又一位活生生的党史人物，鲜明地展现于青少年读者面前。

总之，《青少年学习中共党史丛书》是一部广大青少年学习党史的必读书。愿青少年朋友从这套丛书的阅读中，了解党、热爱党，感悟党这 90 年是如何从艰难曲折中走向辉煌，倍加珍惜今天党和人民给我们创造的来之不易的美好幸福生活，并且明白自己身上肩负的重大责任，为国家和人民贡献自己的一份力量。

知识拓展

当今世界正处在大发展大变革大调整时期，我国发展呈现一系列新的阶段性特征。党在推进改革开放和社会主义现代化建设中肩负任务的艰巨性、复杂性、繁重性前所未有。国际国内意识形态领域各种思潮激荡，其中许多问题涉及党的历史。而正确认识和对待党的历史，关系党的形象，关系党的生命，关系国家长治久安。在世情、国情、党情发生深刻变化的条件下，党史工作面临新的机遇和挑战。广大青少年是祖国的未来，是坚持和发展中国特色社会主义事业的希望所在。充分发挥党史以史鉴今、资政育人的作用，不仅是党史工作者的神圣使命，同时也是所有教育工作者乃至各级领导干部义不容辞的历史责任。

进一步阅读书目

陈晋等. 为了理想——党史文物中的风云岁月. 沈阳：辽宁人民出版社，2011.

肖甡. 中共党史百人百事. 上海：上海人民出版社，2011.

《党的文献》编辑部. 中共党史重大事件述实（增补本）. 北京：人民出版社，2008.

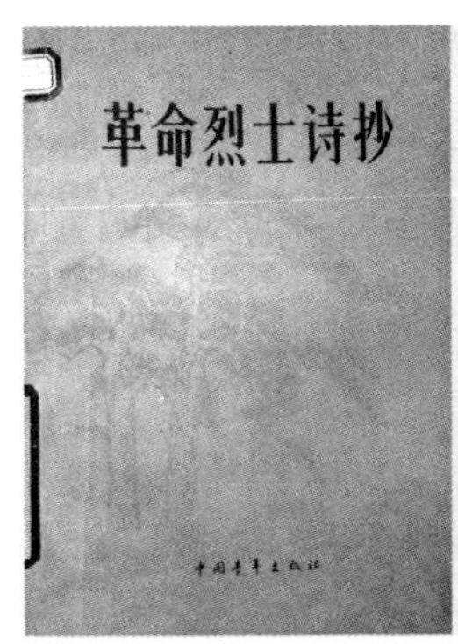

革命烈士诗抄

作者简介

萧三(1896—1983),湖南湘乡人,现代著名诗人、翻译家。原名萧子暲(一作子嶂,或云原名萧克森,字子暲),其祖父给他赐名萧莼三,读书时起名萧植蕃,笔名有天光、埃弥·萧、爱梅等,萧子升之弟。他曾就读于长沙湖南第一师范,曾与毛泽东同学。他和哥哥萧子升以及毛泽东、蔡和森一起创建了“新民学会”。早在20世纪初叶就投身革命运动。1920年到法国勤工俭学,1922年,他同赵世炎、周恩来等发起组织“旅欧中国少年共产党”。新中国成立后,主持我国的国际文化交流工作,访问过许多国家,两次出席亚非作家会议。

背景介绍

《革命烈士诗抄》是为中国人民解放事业英勇献身的革命烈士的诗词选集,由萧三编辑,1959年中国青年出版社出版,1962年增订再版。全书共收录89位烈士的194首诗词，包括李大钊、瞿秋白、蔡和森、邓中夏、彭湃、恽代英、何叔衡、方志敏、王若飞、叶挺、殷夫、柔石等人的作品。诗词体式多样，字里行间洋溢着革命先烈的浩然正气、崇高节操和奋斗精神。

内容概括

本书收录了自建党以来各个历史时期牺牲的烈士们的代表作品。这些诗作大气磅礴、境界高尚，而且脍炙人口，对人的精神有极大的震撼、提升作用。此书为萧三主编，眼光独到，多位老一辈革命家如朱德、董必武等为此书题写诗作，至今畅销不衰。这本《革命烈士诗抄》，不是普通的“诗抄”或“诗集”，它的意义远远超过一般的诗文集。虽然它的作者很少是被称为诗人的，但是每一个作者——每一个革命烈士本身就是一篇无比壮丽、无比伟大的诗章。他们的战斗生活、艰苦工作，他们的崇高人格、坚贞操守，他们对于中国人民革命事业无限忠诚的赤心，都是可歌可泣、足以惊天地泣鬼神的最伟大的诗篇。正像一位殉难烈士所写的，他们“每一个人，每一段事迹，都如神话一般美丽，都是大时代乐章中的一个音节！”

殷夫烈士写过一首诗——《血字》，前三节的开头一句都是：“血液写成的大字。”是的，烈士们遗留下来的每字每句都是用自己的鲜血写出来的，它们不是寻常的“创作”。就因为这样，所以常言说的“诗如其人”，在这本诗抄里表现得最为明显，也最为光辉。

在一切反革命、反动派的极端残暴、极端凶恶，对共产党人和革命者施行极端野蛮的镇压、逮捕、监禁、刑罚、屠杀以及极端卑鄙的阴谋、收买、诱惑、挑拨之下，“中国共产党和中国人民并没有被吓倒，被征服，被杀绝。他们从地下爬起来，揩干净身上的血迹，掩埋好同伴的尸首，他们又继续战斗了”。

无数的革命烈士，有的留下了姓名和著作，更多的是连姓名都没留下来。但是我们知道：没有土壤，泰山不能成其大；没有细流，河海不能就其深。灾难深重的中国人民的革命过程，是漫长而曲折，艰苦而残酷的过程。没有千千万万先烈的英勇牺牲，革命就不能胜利，约占人类四分之一的中国人民就不能站起来。我们今天的自由幸福生活，是无数烈士用生命和鲜血换来的。正如1957年4月8日《人民日报》的社论所说：“中国革命胜利以前，中国共产党党员和许多革命者，不怕杀头，不怕坐牢，他们背井离乡，东奔西走，不计名利，不图享受，唯一想到的是国家的存亡和人民的祸福。他们为了革命事业的胜利，英勇牺牲，艰苦奋斗，前面的人倒下去，后面的人跟上来，革命失败了，马上重整旗鼓，继续奋斗。”

在这部诗集中，我们会读到：瞿秋白同志赴难时的诀词：“为中国革命而死是人生最大的光荣。”夏明翰同志就义时的四句绝笔诗：“砍头不要紧，只要主义真。杀了夏明翰，还有后来人！”杨超同志就义时高声朗诵的豪言壮语：“满天风雪满天愁，革命何须怕断头？留得子胥豪气在，三年归报楚王仇！”吉鸿昌同志在刑场地上用树枝写下的壮士豪言：“恨不抗日死，留作今日羞。国破尚如此，我何惜此头！”方志敏同志在狱中写的《诗一首》具有雷霆万钧的力量：“敌人只能砍下我们的头颅，决不能动摇我们的信仰！”刘绍南同志在刑场上高唱的《壮烈歌》将永远响彻云霄：“铡刀下，不变节，要杀就杀，要砍就砍，要我说党，我决不说！杀死我一人，革命杀不绝。”李少石同志的遗诗将永远激励后代：“不作寻常床箦死，英雄含笑上刑场。”“生当忧患原应尔，死得成仁未足悲。”“莫讶头颅轻一掷，解悬拯溺是吾徒。”吕惠生同志在狱中写的《留取丹心照汗青》表现了共产党人何等崇高的抱负：“忍看山河碎？愿将赤血流！八载坚心志，忠贞为国酬。

且欣天破晓，竟死我何求！”陈然同志在狱中痛斥敌人时写的《自白书》又表现了共产党人何等坚贞的气节：“对着死亡我放声大笑，魔鬼的宫殿在笑声中动摇；这就是我，一个共产党员的自白，高唱凯歌埋葬蒋家王朝。”……

知识拓展

呵！战！
剜心也不变！
砍首也不变！
只愿锦绣的山河，
还我锦绣的面！
呵！战！
努力冲锋，
战！

——无产阶级革命作家柔石（1931 年 2 月 7 日被国民党杀害）

进一步阅读书目

曹外香选编. 革命烈士诗抄. 北京：光明日报出版社，2011.

周兴俊主编. 中华诗词研究丛书（革命烈士诗抄专辑）. 北京：中国书籍出版社，2012.

少年红色经典·革命先驱系列

背景介绍

《少年红色经典》丛书初版于 2004 年，是为了落实中共中央国务院《关于进一步加强和改进未成年人思想道德建设的若干意见》启动的一项图书建设工程。

丛书受到社会关注和读者欢迎，出版当年即入选中宣部等九部委“知识工程——中华全民读书活动”推荐书目，多次列入新闻出版总署重点图书选题，入选文化部、财政部送书下乡工程政府采购书目，成为许多地区农村书屋和各种读书活动的首选图书。

内容概括

丛书初为 20 册，分“文学故事”和“英雄故事”两个系列，主要收录中国共产党领导下的革命战争时期最具影响的英雄人物的故事，以及相关题材中最具代表性的文学作品。作品中的英雄，不管是艺术形象还是生活原型，都是20世纪五六十年代以来，全社会特别是青少年崇拜和追慕的偶像，分别为：《李大钊》《向警予》《彭湃》《恽代英》《邓中夏》《瞿秋白》《方志敏》《刘志丹》《叶挺》和《王若飞》。

《李大钊》一册中写道："我长大了一定要学洪秀全，把皇帝推翻！"在学堂里，老师讲的洪秀全的故事让年幼的李大钊热血沸腾。长大以后，皇帝虽已被推翻了，但他面对的是一个军阀混战、民不聊生的中国。十月革命的胜利极大地鼓舞和启发了李大钊，让他看到了中国的希望。他撰写了大量的宣传马克思列宁主义的文章并发表演说，成为我国最早传播马克思主义的人，继而成为中国共产党的主要创始人之一，并把一生都奉献给了他所信仰的共产主义事业。

在《向警予》一文中，我们知道了"警予"是这个小名叫九九的女孩给自己取的名字，她要用这个名字警示自己，刻苦学习，用自己所学的知识来救国救民。但她很快发现，救国救民仅靠知识是远远不够的，于是她如饥似渴地学习马克思主义，以百倍的勇气和坚强的意志投入到工人运动和妇女解放运动中去，成为一名坚定的共产主义战士，时刻准备着为革命、为信仰而牺牲自己的一切。

天资聪慧的彭湃自幼被看做是光耀门庭的期望，因为这个拥有万顷良田的富庶之家独独少了点斯文之气。可是，四书五经并不能解释纠结在彭湃心中的疑问：为什么农民日日在田里辛苦劳作，却食不果腹、衣不蔽体？彭湃以实际行动解救农民——把地契烧掉，把田分给农民，进而领导整个陆海丰地区的农民进行武装起义，建立了中国第一个农村苏维埃政权，被誉为农民运动大王。《彭湃》为大家介绍这位把一生都奉献给了他所信仰的共产主义事业，我党早期卓越的领袖之一——彭湃！

“我身上的磷，仅能做四盒洋火。我愿我的磷发出更多的热和光，我希望他燃烧起来，烧掉过老的中国，诞生一个新中国！”这是恽代英的肺腑之言，也是他一生的注解——投身五四运动，领导罢工、罢课、罢市斗争；创办《中国青年》，宣传马克思主义：参与领导了南昌起义和广州起义……最终，在敌人的屠刀下英勇就义，为革命燃尽了他36岁的生命。《恽代英》将为大家介绍这位中国无产阶级革命家，中国共产党早期青年运动领导人之一——恽代英！

《邓中夏》将为大家介绍这位中国共产党最早的党员之一。“这个孩子，将来恐怕不是我家的人了。”父亲看着关注国事、思想激进的邓中夏担忧地说。父亲的担忧不无道理，走出了那个富足大家庭的邓中夏全身心地投入到了革命的洪流中，迅速地成长为工人运动的领袖和中国共产党早期重要领导人。“请告诉大家，就是把邓中夏的骨头烧成灰，邓中夏还是共产党员。”被捕后，他顶住了敌人的利诱和严刑拷打，慷慨就义在南京雨花台下。

《瞿秋白》一册中讲道：小时候的瞿秋白叫瞿双，因为他生下来头顶有两个旋。据说，头上有两个旋的人不同寻常——从青年学者、文人到一个坚定的马克思主义者、无产阶级革命家和理论家。瞿秋白确实走过了他不寻常的同时又是光辉不朽的一生。许多红色经典影片中，革命者就义时常常会响起悲壮激昂的《国际歌》，《国际歌》的歌词就是瞿秋白译成中文的。36岁那年，他也唱着这首歌饮弹洒血，慷慨就义。

《方志敏》一册中讲述，大革命失败后，方志敏凭着两条半步枪起家，历经百战，创建了赣东北革命根据地和红十军。在率军北上抗日的途中遭到国民党军的阻击被俘。他以共产党人的凛然正气严词拒绝了敌人的劝降，从容就义。他在阴暗潮湿的牢房中以惊人的毅力写就的《可爱的中国》《清贫》《狱中纪实》等约30万字的文稿，成为见证英烈、激励后世的不朽之作。

《刘志丹》一册中讲述：也许是爷爷在刘志丹孩童时代给他讲的那些好汉勇士行侠仗义的故事，给了他最朴素的教益，使得他在求学期间就接受了革命思想并逐渐成长为一位坚定的共产主义战士，直至成为西北红军和革命根据地的创始人。1936年，刘志丹在一次东征的战斗中牺牲。毛泽东主席为他亲笔题词："群众领袖，人民英雄"。

《叶挺》中介绍，叶挺是一个天生的军事家，是中国人民解放军的创始人之一。他带领的独立团在北伐中被誉为"铁军"，参与指挥南昌起义并出任前敌总指挥，参加广州起义时任起义总指挥和工农红军总司令，抗日战争中又出任新四军军长。"我只能期待着，那一天/地下的火冲腾/把这活棺材和我一齐烧掉/我应该在烈火和热血中得到永生！"这是叶挺身陷囹圄时所作的《囚歌》，岁月见证了他不朽的英名与永生的精神。

"万里赴戎机，关山度若飞"是《木兰诗》中的佳句，王若飞的名字就源于此句。他立志像古代的英雄那样，飞越千山万壑，救国救民。于是，他先后赴日本、法国、苏联留学，寻求真理，积极从事马克思主义的宣传，逐渐成长为中国共产党杰出的领导人。"一切要为人民打算。"这是王若飞当年向周恩来同志告别时说的最后一句话，这句名言成了他对人民、对党的最后遗言。

进一步阅读书目

柯蓝．少年红色经典·不死的王孝和．南昌：二十一世纪出版社，2008.

刘知侠. 少年红色经典·小铁道游击队. 南昌：二十一世纪出版社，2008.
刘虔. 少年红色经典·英雄故事系列：杨靖宇. 南昌：二十一世纪出版社，2009.

神圣抗战

作者简介

雪岗，本名孙学刚。曾获首届全国优秀中青年编辑、中直机关工作能手称号。享受国务院政府特殊津贴。主要编辑作品有《中国历史故事集》(前五种为林汉达著)《中国通史故事》《世界通史故事》《中华人物故事全书》《外国人物故事全书》《世界大人物丛书》《神圣抗战》《中国情》《中国儿童启蒙名著通览》《百科小史博览丛书》《儿童文学大师全集书系》等。主要著述有《中国历史故事集》(后六种)《漱玉清芬李清照》《尼克松》《梅兰芳》《欧洲长篇小说改写与评析》《中华五千年》(有声读物)《动物日记》《中国故事》《荀子》(评注本)《中国十大诗人精品选》《外国十大诗人精品选》《鲁迅作品精选》《少年儿童读物编辑学初探》及多种专栏、专文、论文等。出版有《雪岗文集》。

背景介绍

20 世纪 30 年代爆发的抗日战争，是我国历史上值得永远纪念的伟大事件，《神圣抗战》这本书就是为此而编写的。历史逐渐远去，生活在今天的人们，尤其是青少年朋友们对抗战的了解只是一知半解，对很多抗战英雄和他们的英勇事迹知之甚少，这是一件让人担忧的事情。

内容概括

《神圣抗战》是伟大抗日战争的真实记录，是伟大爱国精神的形象体现。这本书展现了敌我各方的行动踪迹，重现正义与邪恶的搏斗场面；这本书从世界的视角看待中国的抗日战争，从历史的高度认识当年的抗日战争。邓小平同志亲题书名，是青少年了解抗日战争的最佳读物。它震撼人心，激动人心，振奋人心，曾被评为年度最有影响的图书之一。

该书由知名军史专家和少儿读物作家共同创作完成。内容分为“日寇的侵略野心和法西斯暴行”“全国人民的抗日救亡运动”“东北义勇军和抗日联军在抗战中”“八路军在抗战中”“新四军和华南游击队在抗战中”“敌后民兵在抗战中”“国民党爱国官兵在抗战中”“后方人民在抗战中”“抗战中的国际友人”“伟大的胜利”10 个部分，共 190 多个小故事，配有大量珍贵的历史图片，全面完整、真实直观地反映了抗日战争的伟大历程。通过阅读这本书，读者可以全面了解抗日战争的历史，不忘日寇侵略罪行，并且受到爱国主义和革命英雄主义的激励。该书出版后，被中宣部、教育部等七部委列为“百种爱国主义教育图书”向全国推荐，极大地激发了少年儿童的爱国热情。许多小读者写下了读后感，表示了对日寇罪行的极大愤慨和对抗日英雄们的无比崇敬。

《神圣抗战》并不是一本全面反映和论述抗日战争史的书，而是通过讲述战争中敌我友各方面和各个战场的基本情况，通过讲述典型事例和故事，集中展示这场战争的残酷性和正义性，歌颂先烈们为祖国和人民英勇奋战的丰功伟绩，阐明全中国人民和全世界人民团结起来，才能战胜万恶的法西斯，战胜人类的共同敌人。这本书中，既有我们熟悉的内容，比如“日寇对我国同胞的残害”“七三一部队”“南京大屠杀”“八女投江”“杨靖宇将军”“平型关大捷”“铁道游击队”“狼牙山五壮士”等内容，更加入了很多我们的青少年朋友不了解的内容，比如“抗日小英雄”“雁门关伏击战”“梁山英豪”“铁骑团”“不朽的战士徐佳标”“神出鬼没的‘麻雀战’”“空战英雄”“希伯捐躯沂蒙山”等内容，让青少年读者能够全面了解抗战。正因为如此，本书具有强烈的感染力和鼓舞作用。

本书使我们记住抗日战争的岁月，也促使我们为祖国和世界的未来而认真思考。今天，中国和日本早已结束了战争状态，“世世代代友好”，“中日永不再战”，是两国人民的共同愿望。但是，保卫世界和平，加强同各国人民的友谊和团结，防止那段历史重演，仍然是我们新一代的光荣使命。我们要继承和发扬爱国主义传统，树立崇高理想，振奋民族精神，关心国家大事，关心世界大事，放开眼界看未来，让思想和生活更加充实，准备承担起历史的责任。

本书内容厚重、形式新颖、图文并茂、装帧精致，使得这本精品书的思想性、知识性、可读性和收藏价值都得到完美的体现。

知识拓展

1942 年到 1944 年，中国政府先后两次派出近 30 万人的部队进入缅甸与日寇作战，在付出了 10 余万人伤亡的代价后，全歼在缅甸的日军。此战中，由美国装备、训练的中国远征军大放异彩，日寇望风披靡。这也是中国抗战的一个部分，希望全世界都不要遗忘这段历史。

进一步阅读书目

邓贤. 大国之魂. 成都：四川文艺出版社，2009.

邓贤. 父亲的一九四二. 北京：人民文学出版社，2012.

政夯. 截住狼. 南京：译林出版社，2012.

龚业悌. 抗战飞行日记. 武汉：长江文艺出版社，2011.

中国读本

作者简介

苏叔阳，当代著名剧作家、作家、文学家、诗人，笔名舒扬、余平夫。河北保定人。现从事文化及历史研究。以其深厚的文化积淀、特有的历史文学视角，创作了诸多国内外广为流传的文学著作，是中国当代最具影响力的学者之一。他的作品多次获得国家图书奖、“五个一工程”优秀图书奖、中国图书奖、华表奖、文华奖、金鸡奖及全国作协短篇小说奖、散文奖、人民文学奖等。

背景介绍

1998 年，苏叔阳的《中国读本》出版，这是一本 15 万字的爱国主义教育读物，获得了中宣部“五个一工程”图书奖，创下了累计发行 1200 万册的佳绩，成为名副其实的畅销书。“《中国读本》的创作意味着我写作生涯的转变”，苏叔阳说：“它给我带来了无穷无尽的苦闷和乐趣。写作过程中我沉入激情和想象里，让自己好像进入时光隧道亲临多彩的历史，写起来才有滋有味；对历史如果缺乏激情和想象，就会把历史看成一杯白开水。”没读过《中国读本》的人也许会认为这是一本通俗读物，其实不然。《中国读本》花费了苏叔阳的大量精力，他读了几百本书，简而精地把五千年中国文明浓缩成十几万字，几乎每写完一稿他都要大病一场。

《中国读本》的前身是《我们的母亲叫中国》。20世纪90年代初，少年儿童出版社请苏叔阳为中国儿童写一本介绍中国的书，于是就有了《我们的母亲叫中国》。这本书用文学的语言，饱含着爱国激情，为中学生们介绍了中国版图、领土、思想、伦理、文化等各个方面的知识，出版后广受欢迎，香港也出了繁体字版。在写作过程中，他被查出得了癌症。这一消息并没有吓倒他，他的乐观与自信战胜了死神，拖着病体投入到文学创作中，病中的他竟然陆续写下了300多万字的作品，《我们的母亲叫中国》就是在病中完成修改的。

后来中宣部想要出版一本给青少年介绍中国的书，中宣部出版局局长张小影特地找到了苏叔阳，请他执笔。“要不要写《中国读本》呢？开始我很犹豫”，苏叔阳回忆起当初的情景，“为此，我们全家召开家庭会议，详细地讨论了这件事。最后的意见是：这本书值得去写，而且需要去写。目标要高，期望要低。”在写作的时候他遇到过几个困难：第一，过去知道的、明确的东西下笔时发现不一定准确；第二，知识在不断变化中，新的知识不断涌现；第三，对已有知识的评价需要整理。与此同时，他再一次遭遇了癌症。困难和病魔都没有难倒他，苏叔阳奇迹般地在病历纸的反面写下了厚厚的初稿。他在书中倾注了深厚的感情，常常写得潸然泪下。《中国读本》德文版译者是德国驻上海总领事夫人、著名汉学家凯茜，她被苏叔阳“优美的文字和浓重的爱国主义激情所感动”，将此书译成了极为优美的德文。

内容概括

《中国读本》共12章，主要讲述了以下几个问题：中国是一个怎样的国家？她走过什么样的历史道路？她拥有哪些独特的文明？她的国民以怎样的方式生活？她对人类做出了哪些贡献？读者朋友在读过本书之后，就会得出自己的答案。阅读本书，是走进中国、走进新世界的一次发现之旅。这是一部仅用十几万字就写出中华五千年文明史的普及读物；这是一本全国发行超过1000万册的超级畅销书；这是一部被译成英、德、俄等十余种语言文字的国际化作品。

这本书用优美的语言，系统又个性化地全面介绍了中国的历史、自然概貌、民族繁衍、文化形成、生活风情，特别是改革开放以后，中国经济、社会快速发展，取得的翻天覆地的巨大成就。第一章用通俗易懂、简练生动的语言介绍了中国的创世神话、疆域风貌和民族关系；第二章讲述了中国古代的炎帝、黄帝和蚩尤的故事，介绍了中华文明的起源和发展；接着第三章用简练的笔法讲述了中国古代的历史沿革和特点；第四章介绍了新中国取得的成就以及今天的和谐社会；第五章介绍了文字的发展、特点和历史功绩，并展望了汉字的前途；然后第六章介绍了中国传统的宇宙观、伦理道德；接着第七章介绍了中国独特的生活方式、饮食保健；第八章是中国传统经济文化的发展和影响；第九章介绍了中国璀璨的文学艺术成就和对世界的影响，以及中国独特的美学观；第十章介绍的是中国传统的军事文化，包括传统的战争哲学、军事文化中的谋略思想以及对世界的影响；第十一章则是讲述以四大发明为代表的中国古代科学技术成就以及对人类的卓越贡献；最后一章展望了中华文明光辉灿烂的未来。

知识拓展

《中国读本》是中国图书“走出去”影响最大的书。目前已有英、德、俄、蒙古、藏、维吾尔、哈萨克、朝鲜等十几种文字图书面世，而且已与美国、法国、意大利、日本、韩国、马来西亚等国家的版权代理公司或出版商达成版权输出意向。2005 年，在法兰克福书展上，德国贝塔斯曼总裁亲自与苏叔阳签约，买走了该书外文版的经营权，在国内引起了不小的轰动。2010 年苏叔阳获得由联合国副秘书长沙祖康代表联合国颁发的“联合国艺术特别贡献奖”，他是首位获得该奖项的中国作家。

进一步阅读书目

沈起炜等. 中国读本丛书. 北京：中国国际广播出版社，2011.

王水照编. 历代文话. 上海：复旦大学出版社，2008.

石玉新主编. 文史精华. 石家庄：河北人民出版社，2010.

莫忘国耻

背景介绍

19世纪以来，随着西方工业化的迅猛发展，远在万里之外的西方资本主义国家逐渐把扩张和掠夺的目光投向了中国。明治维新以后的日本也加速走向了侵略扩张的道路。从1840年鸦片战争开始，英国率先用坚船利炮轰开中国的大门，俄、法、美、日、德等帝国主义势力相继入侵，他们输入毒品，强占土地，夺我主权，瓜分势力范围，把美丽、古老的中国，变成了肆意践踏、野蛮搜刮的竞技场。而腐朽没落的清政府却无力抵抗、一再退让，甚至不惜卖国求荣。百余年间，中华民族受尽凌辱，饱经忧患，遍体创伤。帝国主义的野蛮侵略和欺凌压榨，在我国近代史上留下了无法揩干的斑斑血泪，罄竹难书的国恨家仇。

内容概括

中国百年近代史，既是一部被侵略的屈辱史，也是一部抗争史。

《莫忘国耻(上下)》再现 19 件影响中国近代走向的重大历史事件,全书通俗易懂,图文结合,是最适合中小学生阅读的中国近代史读本之一。

《莫忘国耻》共分 20 章,讲述了中国近代史上的 19 件大事,包括第一次鸦片战争后香港岛被割让给英国、第二次鸦片战争英法联军抢掠并火烧圆明园、沙皇俄国侵占我国北部大片领土、中法战争中国由大捷变为大败、中日甲午战争后马关条约签订始末、日本侵占台湾的过程、英法德三国所谓的“干涉还辽”到底是怎么回事、八国联军犯下的累累罪恶……一直到第一次世界大战结束后中国作为战胜国参加巴黎和会受到的不公正对待。

知识拓展

进一步阅读书目

冯学荣. 日本为什么侵华. 北京:金城出版社,2014.

蒋廷黻. 中国近代史. 武汉:武汉出版社,2012.

吕思勉. 1840—1949:中国近代史. 北京:金城出版社,2013.

赤子丛书

作者简介

金振林，江苏南通人。曾创办并主编儿童文学杂志《小溪流》；主办首届在界华文儿童文学笔会。著有中篇传记《黄公路》《赣水红霞》《毛岸英》、中篇小说《罗霄山追踪》、长篇小说《蛇医游侠传》、中篇集《深山追虎记》、中篇小说《金刚石疑案》、长篇小说《将军百战死》、中篇游记《南岳奇游》、长篇小说《虎胆英雄传》、长篇纪实《毛泽东隐踪之谜》、长篇游记《俄罗斯芬兰法国三国游趣》、长篇纪实《毛岸英》、创作评论集《作文秘诀》、长篇传记《巨人之子毛岸英》。

背景介绍

原中共中央政治局常委、国务院总理李鹏为《赤子丛书》题词："牢记历史，刻苦学习。"

内容概括

《赤子丛书》是一部对全国少年儿童进行爱国主义教育、思想道德教育和革命传统教育的好教材，是弘扬主旋律的精品，获得了中宣部颁发的全国“五个一工程”图书一等奖。

丛书包括三本，分别记述了毛泽东的长子毛岸英、刘少奇的女儿刘爱琴、朱德的女儿朱敏的成长经历。

《赤子丛书：巨人之子毛岸英》共 5 章，详细记述了毛岸英的一生，从他 8 岁与母亲杨开慧一同坐牢，到 28 岁热血洒在朝鲜战场，一个栩栩如生的“巨人之子”走到了我们面前。毛岸英是中国人民伟大领袖毛泽东的长子，但他和普通人一样，只是比普通人更多了一些传奇却充满磨难的经历。

《赤子丛书：纳粹集中营的中国女孩》记述第二次世界大战时期，德国纳粹集中营里关押着一位中国女孩，她就是红军总司令朱德的亲生女儿朱敏。朱敏于 1941 年 2 月乘坐苏联轰炸机到达乌鲁木齐，再乘火车到达莫斯科进入国际儿童院学习。同年夏天苏联卫国战争爆发，她在白俄罗斯不幸落入德国纳粹的魔掌，在德国集中营度过了九死一生的艰苦岁月。本书详细记述了这一段鲜为人知的历史。电影《红樱桃》和电视连续剧《血色童心》中经过艺术加工的女主人公楚楚的艺术原型就是朱敏。1946 年朱敏重返莫斯科，在列宁师范学院毕业后回国当了一名普通的大学教师，默默无闻地奉献着自己的一切。

《赤子丛书：血色大地的女儿刘爱琴传记》中，刘少奇的女儿刘爱琴更是经历坎坷。刘爱琴是刘少奇和何宝珍的亲生女儿，她诞生于大革命失败后的腥风血雨之中，母亲为革命英勇牺牲，她被一个工人家庭抚养。稍大一些的刘爱琴又遭磨难，被卖给人家当童养媳，受尽欺凌。周恩来同志派人找到了她，将她送到延安与父兄团聚。刘爱琴同哥哥刘允斌一起到苏联国际儿童院学习，与苏联人民一道经历了卫国战争的严峻考验。回到祖国后，刘爱琴根据父亲的意愿，在内蒙古工作了近20年。她曾荣获“全国三八红旗手”称号和公安部颁发的一级金盾荣誉章。

知识拓展

1922年10月24日，毛岸英出生在湖南省长沙市。8岁时，由于母亲杨开慧被捕入狱，毛岸英也被关进牢房。杨开慧牺牲后，地下党安排毛岸英和两个弟弟来到上海。后来，由于地下党组织遭到破坏，毛岸英兄弟流落街头。他当过学徒，捡过破烂，卖过报纸，推过人力车。1936年，毛岸英和弟弟毛岸青被安排到苏联学习。在苏联期间，他先是在军政学校和军事学院学习，后来参加了苏联卫国战争，冒着枪林弹雨，转战欧洲战场。1946年，毛岸英回到延安，同年加入中国共产党。毛岸英遵照毛泽东“补上劳动大学这一课”的要求，在解放区搞过土改，做过宣传工作，当过秘书，解放初期任过工厂的党委副书记。他虽然是毛泽东的儿子，但却从来没有因自己是领袖的儿子而高人一等，相反，他总是处处严格要求自己，努力和普通劳动群众打成一片。1950年10月参加中国人民志愿军，1950年11月25日毛岸英在美军空袭中牺牲。

2009年9月14日，他被评为100位新中国成立以来感动中国人物之一。

2009年10月5日，温家宝来到毛岸英烈士墓前献上花束。他对着毛岸英的塑像说：“岸英同志，我代表祖国人民来看望你。祖国现在强大了，人民幸福了。你安息吧。”

进一步阅读书目

金振林. 见证毛岸英. 郑州：河南人民出版社，2011.

武立金. 毛岸英最后三十四天实录. 北京：台海出版社，2012.

中华人文精神读本(青少年版)

作者简介

汤一介,原籍湖北省黄梅县。北京大学哲学系教授,中国哲学与文化研究所所长,博士生导师。曾任国际中国哲学会主席。兼任南京大学、东南大学、山东大学、兰州大学、首都师范大学、北京理工大学等大学教授。著有:《郭象与魏晋玄学》《魏晋南北朝时期的道教》《中国文化传统中的儒道释》《儒道释与内在超越问题》《在非有非无之间》《汤一介学术文化随笔》《非实非虚集》《昔不至今》《郭象》《当代学者自选文库·汤一介卷》《佛教与中国文化》《生死》《和而不同》等。主编《中国宗教的过去与现在》等著作 10 部。发表论文 200 余篇。

背景介绍

如何对待我们的传统文化是近现代摆在我们面前的一个无可回

避的问题，也是一个一直在热烈争论的问题，这也是造成“国学热”的重要原因之一。不同的时代面临不一样的问题，因此会有不同的观点，但“古为今用，取其精华”则是共识。《中华人文精神读本》精心挑选数千年来对中国产生过深远影响，在今天仍然为人们所关心的26个主题，并从中国最重要的文化典籍中挑选朗朗上口，思想性和文学性都很强的内容呈现给读者。丛书不仅仅是对古代文言文进行注释和文意解说，为了便于读者理解，每个阅读单元还提供了生动有趣的小故事，并引申出对今天的人们有指导意义的启示。

内容概括

从体例上看，丛书采取以“主题”为主线的框架，而不是采用常见的按照“经书”为主线的框架。这部丛书按照四大主题，分为四册。

《中华人文精神读本：春》以各种情感为主要内容，具体包括：仁爱、感恩、友谊、离情别绪、乡情乡思、爱国之心、珍重生命、咏史怀古八个方面的内容。

《中华人文精神读本：夏》以中国古代对人本身、对自然、对天人关系的认识为主要内容，具体包括：宇宙及其变化、人是万物之灵、天人关系、人与自然的和谐、中国古代的科技以及艺术中的自然之美六个方面的内容。

《中华人文精神读本：秋》以社会生活、国家制度政策、百姓风俗为主要内容，具体包括：重视民生、诚信守诺、和谐宽容、崇尚礼仪、清廉节俭、节日文化六个方面的内容。

《中华人文精神读本：冬》是以个人“修身”为主，兼顾“齐家”等内容，具体包括：有志向有恒心、孝敬父母尊敬师长、谦虚谨慎、悔过知耻、道义和利益的关系、浩然正气这六个方面的内容。

编者认为，传统文化精粹的传承和教育需要从年轻一代就开始，因此本丛书针对的是青少年读者。丛书不仅仅是把古文和注释提供给读者，更多地把重点放在这些文字中承载的思想内容，以及对今天的指导意义。因此丛书的最大篇幅是“听老师讲”这个栏目的内容，这个栏目以青少年乐于接受的方式，阐释传统文化思想在今天的意义，以及如何借鉴传统文化内容，指导今天的现实行为，同时也为青少年写作、阅读、语言表达提供了丰富的素材和示范。

知识拓展

人文精神，它有四个侧面要同时顾及：一个是自我问题，一个是群体问题，一个是自然问题，还有一个是天道问题。

——杜维明（美国哈佛大学中国历史和哲学教授、哈佛燕京学社社长）

我们这个民族的人文精神到底是什么？孔子讲：“德之不修，学之不讲，闻义不能徙，不善不能改，是吾忧也。”要讲道德、讲学问，使自己的行为符合道义，勇于改正自己的错误，这就是人文精神，一句话，学会“做人”。

——汤一介（北京大学哲学系教授、中国哲学与文化研究所所长）

弘扬传统文化应当落实到提高人的素质上，让传统文化的营养像春雨一样沁入人的心田。

——袁行霈（北京大学中文系教授、北京大学中国传统文化研究中心主任、《国学研究》主编）

中国的振兴，正在国内外造成强烈的震撼。身历祖国由积弱转趋盛强的中国人，不会忘记反躬省察自己的文化传统，希望以其精华贡献于世界。

——叶圣陶（中国著名教育家）

进一步阅读书目

陈建洲，杨文衡等．中华人物故事全书．北京：中国少年儿童出版社，2013.

叶朗，朱良志．中国文化读本．北京：外语教学与研究出版社，2008.

孔庆东．无限江山：孔庆东谈文化．昆明：云南人民出版社，2011.

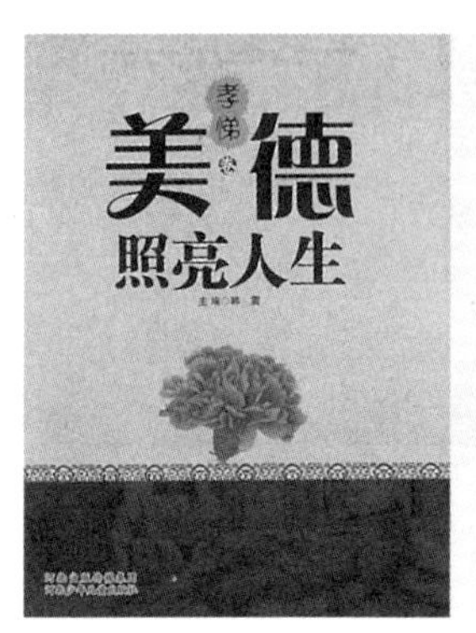

美德照亮人生

作者简介

韩震，现任北京外国语大学校长，兼任北京师范大学北京文化发展研究院常务副院长，教育部人文社会科学重点研究基地价值与文化研究中心主任，曾任《中国高等学校学术文摘哲学》英文主编，曾兼任《世界哲学》《哲学门》《中国特色社会主义研究》等杂志编委会委员。1998 年入选教育部“跨世纪人才”，2000 年获国务院政府特殊津贴，2004 年入选首批“新世纪百千万国家级人才”，2005 年入选中宣部“四个一批”人才培养人选。先后主持国家和省部级科研项目 10 多项，发表个人专著和主编著作 10 多部，教材 6 种，译著 3 部，论文、译文 300 余篇。

背景介绍

中华文化博大精深，美德是中华民族传承五千年的瑰宝，从尧舜时期至现代社会，一个个美德典故让一代代人备受鼓舞，美德历经五千年传承而不衰。在美德的感染下，一代代中华儿女茁壮成长。

内容概括

全书共分8卷，分别为爱国卷、勤俭卷、好学卷、宽容卷、善行卷、孝悌卷、自强卷、诚信卷，依据青少年思想品德发展的特点，通过汇集古今中外400余篇优美的蕴涵教育意义的美德故事，着重引导和启发广大青少年读者通过其中所彰显出的美德事迹，激发自己的崇高感，树立正确的人生观、道德观、价值观，使青少年读者分享美德实践的光辉。《美德照亮人生：孝悌卷》以故事的形式出现，增强可读性和趣味性，同时也体现了美德价值的实践性。在每篇故事之中，书中穿插了一些栏目，目的是帮助读者认识问题的要义，激发读者的想象力，引导读者自己分析和判断，让每个读者创造性地塑造自己的美德生活。《美德照亮人生：诚信卷》用经典故事引导读者诚实守信，让青少年朋友们用自己的美德行动予以充实和光大。《美德照亮人生》在无形中影响读者，引导读者去感悟生活，体会美德给人生带来的美。美德的力量是伟大的，美德铺就美好人生。

知识扩展

美德如何影响青少年的成长？在现代社会，美德的故事真的变少了吗？美德是怎样传承五千年而不衰的？现代社会为何极力提倡美德？

进一步阅读书目

（古希腊）柏拉图著，黄颖译. 理想国. 北京：中国华侨出版社，2012.

王新龙. 中华美德. 北京：中国戏剧出版社，2009.

中华是我家

背景介绍

童谣是儿童最早接触的启蒙文学。优秀的童谣不仅启发思维、丰富语言、点缀孩子们天真烂漫的生活，更能促进少年儿童美好情感的培养、行为习惯的养成。童谣的思想性比较强，具有潜移默化的作用，一首好的童谣能让幼儿认识真善美和假恶丑，提高道德情操。为进一步丰富广大少年儿童的精神文化生活，引导他们“心向党、爱劳动、有礼貌”，促进他们健康发展、快乐成长，中共中央宣传部、中央文明办、教育部、共青团中央、全国妇联组织开展了优秀童谣征集活动。经各地征集推荐、网上投票评选和评委会评审，选出优秀童谣推荐作品，并将其编辑成书，奉献给广大少年儿童，供大家诵读传唱。

内容概括

书中每篇童谣语言形象生动，富有童趣，读起来朗朗上口，很容易理解。

书中既有对往昔的记忆，也有对今日的体验，还有对未来的憧憬；感慨祖国变化的日新月异，传达对祖国发展的美好祝愿；既有对小动物的关心与爱护，也有对现阶段日益恶化的环境问题的关注，呼吁人们行动起来保护环境；既有对亲情的歌颂，也有对友谊的赞美。

在精神品质方面，书中告诉我们团结力量大；做事要坚持到底，坚持不懈，切不可半途而废；要乐于助人，莫以善小而不为，莫以恶小而为之……例如：《忙坏老出租》中通过“我爷”在北京开出租迷路，天天改地图的情景来衬托祖国的巨大发展和变化。《小蚂蚁》这篇童谣描写了小蚂蚁们是如何齐心协力把蜻蜓运回家的，告诉读者“人心齐，泰山移”的道理。在《小黑猫打立正》这篇童谣中，用小兔、小熊、小螃蟹等小动物来和小黑猫对比，告诉我们上街不要乱跑，不要横冲直撞等等。《小鸟》这篇童谣中有两句话：“爷爷把鸟放了吧，树林才是它的家。我多陪您聊聊天儿，一样让您乐哈哈。”既有环保意识，又表现了敬老主题。

总之，这本书能够令少年儿童懂得许多道理，教会孩子们怎样做才能养成良好的行为习惯，是孩子们的良师益友。

知识拓展

中国老童谣：

张打铁，李打铁，打把剪刀送姐姐，姐姐留我歇，我不歇，我要回去打毛铁。

推磨，摇磨，推豆子，磨豆腐，么闺儿要吃菜豆腐。打碗米来煮，煮又煮不熟，抱着罐罐哭。

小小子儿，坐门墩儿，哭哭啼啼要媳妇儿，要媳妇儿，干什么？点灯说话儿，吹灯做伴儿，到明儿早晨，梳小辫儿。

排排坐，吃果果，幼儿园里朋友多。你一个，我一个，大的分给你，小的留给我。

新年到，放鞭炮，噼噼啪啪真热闹。耍龙灯，踩高跷，包饺子，蒸甜糕，奶奶笑得直揉眼，爷爷乐得胡子翘。

我有一双小小手，一只左来一只右。小小手，小小手，一共十个手指头。我有一双小小手，能洗脸来能漱口，会穿衣，会梳头，自己事情自己做。

大月亮，二月亮，哥哥起来学木匠，妈妈起来扎鞋底，嫂嫂起来蒸糯米，娃娃闻到糯米香，打起锣鼓接姑娘，姑娘高，要剪刀，姑娘矮，要螃蟹，螃蟹上了坡，姑娘还在河里摸，螃蟹上了坎，姑娘还在河里喊，螃蟹爬进屋，姑娘还在河里哭。

进一步阅读书目

李光迪等. 中国童谣. 北京：连环画出版社，2010.

米苏等. 最爱老童谣. 北京：电子工业出版社，2009.

山曼等. 百岁童谣. 贵阳：贵州人民出版社，2011.

今日中国

作者简介

张之路，著名作家，现为中国作家协会儿童文学委员会副主任。国际安徒生奖提名奖获得者（2006 年）。中国安徒生奖获得者（2005 年）。2006 年被 IBBY 中国分会任命为中国推广儿童阅读大使。文学作品有长篇小说《霹雳贝贝》《非法智慧》《蝉为谁鸣》等。作品曾获中国图书奖一等奖、五次获中国作协全国优秀儿童文学奖、三次获宋庆龄文学奖等。小说《羚羊木雕》被选入中学课本。童话《在牛肚子里旅行》被选入小学课本。创作并拍摄完成的电影剧本有《霹雳贝贝》《魔表》《足球大侠》等。曾多次获电影华表奖、电影童牛奖、夏衍电影文学奖、电视剧飞天奖、开罗国际儿童电影节金奖等多项奖励。著有电影理论专著《中国少年儿童电影史论》。他的作品在青少年中影响广泛并享有很高的声誉。

孙卫卫，曾任《中国新闻出版报》记者、编辑、总编室主任、编委等职。现为机关工作人员，中国作家协会会员。出版有儿童小说《班长上台》、散文集《正好年轻的故事》等文学作品10余部。曾获得冰心儿童文学新作奖、中国新闻奖、全国人大好新闻奖等。系鲁迅文学院第六届中青年作家高级研讨班(儿童文学作家班)学员。

背景介绍

我们为祖国的巨变、繁荣感到由衷的高兴和自豪,想到激动处,会眼潮心热。当然,历史上那些不堪回首的日子也让我们感到遗憾和痛心。我们甚至天真地想,如果当初不是那样,少一些失误,该有多好。我们深深地懂得,历史是一面镜子,“我们能够往以前看多远,我们就能够往未来看多远”。只有记住历史,我们才能走向更加美好的未来。通过本书的学习,我们将更加有自信,能将我们伟大的祖国建设得分外多娇。

内容概括

这是一本不可多得的爱国主义教育图书。本书以翔实的资料、生动的事例与故事、通俗的语言,全面地介绍了改革开放30年来,我国取得的一系列举世瞩目的伟大成就。全书共12章,分别介绍了人民生活、农业、工业、经济、科技、体育、外交、法治建设、思想解放等各个方面的变化与成就。它以成人的视角,告诉当代孩子们今日中国之貌,今日中国的新与旧、今日中国的喜与忧,帮助少年儿童树立民族自豪感,自信心和自强不息的精神,激励他们从小树雄心,立大志,热爱祖国,建设祖国。

本书力图接近中小学生的生活实际和思想实际,努力做到思想性、知识性、可读性相统一，逻辑和历史相统一。在结构上，作者首先对不同时期中学生的生活做了对比，使读者真实地感受到改革就发生在自己身边，继而进一步讲述农业、工业、教育、科技、文化等各个领域的改革。在写法上，作者精心选择标志性事件来叙述改革的背景、进程和结果，把道理寓于事实之中。对一些不能回避的重要概念，作者制作了“小贴士”，既不影响阅读的流畅性，又增强了本书的知识性。相信通过阅读本书，中小学生读者对自己的“现在”是怎么来的，会获得一个生动、具体、完整的认识。“现在是什么”是每一个年轻学子都要面对的问题，该书的出版必然使青少年对该问题有更加深刻的理解，从而使他们从小立下远大的志向，未来更好地服务于社会和国家，对青少年未来的健康发展有一定的推动作用。

知识拓展

你是谁？你从哪里来？你的父辈、祖辈曾经生活在怎样的年代里？他们怎样书写历史？这些历史又怎样延续到今天，你们又怎样把历史写下去呢？朋友们，作为历史的继承者，未来的建设者，今日中国的这段历史，是应该铭记于心的。

——李学谦，中国少年儿童新闻出版总社社长

说起百年中国，特别是改革开放以来的发展变化，每一个过来人都有说不尽的感受与话题。这本书就是告诉孩子们许许多多应该知道、同时也有兴趣知道的事情。生为这个国家的公民，国家与我们有血肉之情，爱国如爱家，难道你不想了解我们这个“国家”吗？读《今日中国》，做一个有抱负、有大志向的中国人。

——徐德霞，作家、《儿童文学》杂志主编，本书策划、责任编辑

进一步阅读书目

李培林.当代中国民生.北京：社会科学文献出版社,2010.

李宝俊.当代中国外交概论.北京：中国人民大学出版社,2001.

复兴之路（青少年版）

作者简介

中央电视台（简称"央视"）是中华人民共和国的官方电视媒体之一，是中华人民共和国国家电视台。1958 年 5 月 1 日试播，9 月 2 日正式播出，初名北京电视台；1978 年 5 月 1 日更名为中央电视台。

央视的所有的节目都通过卫星播出，拥有中华人民共和国境内最多的收视人群。央视拥有 45 个电视频道，是世界上电视频道数量最多的电视台，除了有面向中国大陆地区播出的频道之外，还有通过卫星、互联网向全球播出包括中文在内的各种语言的国际频道。

央视在全球各地设立了自己的记者站，并在肯尼亚首都内罗毕、美国首都华盛顿分别设立了非洲分台和北美分台，致力于发展成为国际化新闻媒体。央视基本覆盖中国大陆各地区，是目前全球影响力最大的华文媒体。其网络媒体是中国网络电视台（CNTV）。先后有《货币》《大国崛起》等优秀纪录片。

背景介绍

当近代西方列强的枪炮声在华夏的天地间响起，泱泱中华的天朝大国梦就此破灭。一代又一代的中华儿女为了华夏的复兴崛起，前仆后继，艰苦奋斗，投身于这一历史任务之中。

该书使青少年读者深刻认识中华民族近代以来的奋斗史，坚定跟党走中国特色社会主义道路的理想信念，增强为实现中华民族伟大复兴贡献力量的历史使命感和奋斗精神，使他们在追求知识的道路上培养阅读乐趣，让中华民族伟大复兴的梦想变成现实！民族复兴是我们共同的“中国梦”。从这里，青少年汲取着实现梦想的力量。

内容概括

站在新的历史起点，回首过去，展望未来，中华民族的伟大复兴如何实现？《复兴之路》丛书围绕千年局变、峥嵘岁月、中国新生、伟大转折、世纪跨越、继往开来六大主题线索，全景式追溯了中华民族160多年来的强国之梦和不懈探索的伟大历程。该书首先介绍了1840年至2007年中共十七大召开之间的史实，接着叙述十七大之后至今在中华大地上发生的重大和典型的事件，如北京奥运会、中共十八大召开、习近平视察深圳等。

全书以翔实的史料、恢宏的结构篇章、深沉的叙述语言，辅以弥足珍贵的历史图片，为世人展示了全球视野下中国复兴道路之抉择、民族复兴之画卷。

全书述事宏大，解读深刻，凸显了历史发展的主体脉络，电视片原创精彩内容及画面与图书内容合为一体，给人以启迪，引人以思索，发人以共鸣。这是一套中华民族伟大复兴的交响史诗；一套浓缩民族复兴历程的震撼影视图书；一套极具深厚历史底蕴和史料价值的影像资料的纸质化精粹集成，更是一套思想性、历史性、可读性俱佳的可收藏的精品图书。

知识拓展

一、中国复兴的“老三步”走与“新三步”走

1.“老三步”走：就是1987年10月党的十三大提出的中国经济建设的总体战略部署：第一步目标，1981年到1990年实现国民生产总值比1980年翻一番，解决人民的温饱问题，这在20世纪80年代末已基本实现；第二步目标，1991年到20世纪末国民生产总值再增长一倍，人民生活达到小康水平；第三步目标，到21世纪中叶人民生活比较富裕，基本实现现代化，人均国民生产总值达到中等发达国家水平，人民过上比较富裕的生活。

2.“新三步”走：第一个10年实现国民生产总值比2000年翻一番，使人民的小康生活更加富裕，形成比较完善的社会主义市场经济体制；再经过10年的努力，到建党100周年时，使国民经济更加发展，各项制度更加完善；到世纪中叶建国100周年时，基本实现现代化，建成富强民主文明的社会主义国家。

二、中华民族复兴的基本表现

第一，大力发展社会生产力，进一步增强以经济科技文化力量为主的综合国力。

第二，大力推进社会的全面进步，实现社会各个领域的整体协调发展。

第三，大力建设和弘扬新时代的中华文明。继承中华民族的优

秀文化传统，摒弃糟粕，吸收精华，在新的更高的层次上建设面向现代化、面向世界、面向未来的，民族的科学的大众的中华文明。

第四，解决台湾问题，实现祖国的完全统一。中华民族是一个统一的大家庭，中华民族的领土和主权不容分割。

第五，屹立于世界先进民族之林，为世界的和平与发展做出更大的贡献。

进一步阅读书目

黄树东. 选择与崛起. 北京：中国人民大学出版社，2009.

(美) 阿文德·萨勃拉曼尼亚. 大预测. 北京：中信出版社，2012.

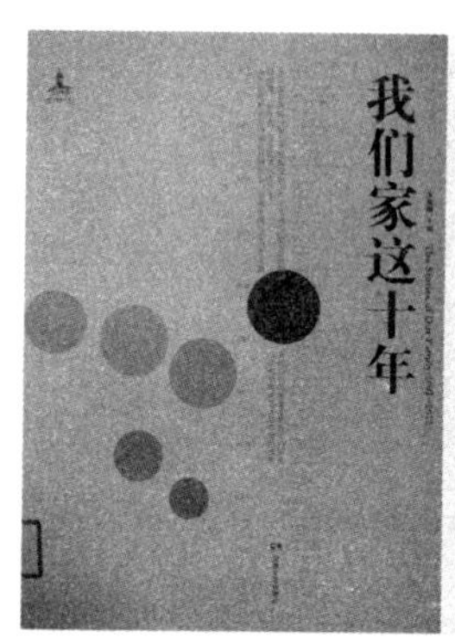

我们家这十年

作者简介

本书作者来源于最基层、最庞大的平民群体,遍布社会多个阶层和行业。

背景介绍

2012年,中宣部和新闻出版总署的高度重视、全国读者的热情期待为迎接党的十八大图书出版创造了很好的条件。这10年的辉煌成就,值得记录书写的有很多,以什么样的角度切入才能以小见大体现国家责任和国家行动,同时引发大众的阅读共鸣呢?这10年我们记住了许多关键词,其中一个词——民生——最多地体现了共产党人对人民利益至上的执政追求。这10年,发展越是千头万绪,党和政府越是关注民生。民生政策把个体幸福和国家福祉紧密相连,让老百姓切切实实地感受到实惠。自觉地改善民生、提升国人的幸福感，成了这10年政府工作的主题。

家是文明社会的基本单元，正如我们每一个人，不管你多么伟大，多么卑微，但都是由“家”开始的一样。机制、政策、发展、规划这些宏观概念，也都是与“家”分不开的。执政党的执政理念和民生愿望，都可以从一个个“家”的需求的满足和幸福感的提升上得到放大和体现。以家庭故事来呈现这10年中国民生的发展进步，成了这个选题的核心内容，于是就有了《我们家这十年》。

内容概括

从2002年党的十六大至2012年的十八大，时光又走过了10个年头。10年，在历史的长河中不过是一瞬间，转瞬即逝。但在过去的10年里，中华人民共和国却走过了一段极不平凡的岁月。这10年，中国筑三峡大坝、修青藏铁路、办奥运盛会、游浩瀚太空、探神秘海底；这10年，迎战非典、抗震救灾、应对金融危机，中国不畏困难，迎难而上；这10年，中国大胆改革，取消农业税、免除学杂费、建立社保体系，使得民生极大改善。

本书另辟蹊径，以最小的社会单位——“家”来呈现这10年中国的发展巨变。“天下之本在国，国之本在家”，“家和万事兴，家齐国安宁”，这些千古名言深刻揭示了家庭和谐与国家发展、社会和谐之间相存相依的关系，千万家庭的命运和国家福祉息息相关、血脉相连。我们每一个人，不管伟大也好，卑微也好，富有也好，贫穷也好，都是“家”的一分子。这正是《我们家这十年》呈现给读者的不同之处。这本书用一个个真实的家庭故事告诉大家，无论是什么样的制度与理念，一定是与你有关，与你的父母、兄弟姐妹与子女的幸福生活密不可分。

本书从“感受十年、勤勉十年、感恩十年”三个层面展现家国进步，文字与图表结合，家庭故事与社会背景、国家政策结合，10 年重大节点事件与家庭普遍关注的生活事件相结合。

“感受十年”主要表现中国家庭见证、参与和感受 10 年发展、共享 10 年改革开放成果的故事，有从百姓视角感受 2008 年奥运会的父子，有感受浦东开发的真情实感，有非典期间和医生丈夫一道坚守隔离病区的护士，还有许多家庭感受了 10 年来城乡人居环境的美化，参与了环保和低碳生活，因实施电子通信工程解决了思亲之苦，因互联网发展改变了生活方式……

“勤勉十年”主要表现中国家庭勤勉劳动、努力致富、追求幸福的故事。这里有勤俭的农民父亲用 39 本发黄的账本记录着对生活的执著；有中专毕业的哥哥靠着不懈的奋斗在沿海赚取了人生的第一桶金后，回到家乡发展新型农业，带动了全村人过上富裕生活；有白手起家的夫妇靠着自己的辛勤努力，把家安在了灯火辉煌的城市中心，享受着自己的“小确幸”……

“感恩十年”主要体现国家政策和社会力量对个体家庭的影响与帮助。这里有亲历“汶川大地震”的幸存者谈生命，有将社保卡送到年迈老母亲手上的公务员，有将廉租房钥匙送到新疆妇女手上的社区干部，有得到农村医疗保险资助及时治疗癌症的老人，有在福利院感受到关爱和温暖的残疾弃儿，有在农家书屋阅读外面世界的山里孩子，有为贫困家庭的孩子申请国家助学贷款和生活补助的不知名的老师……

这些自述式的真实叙述，虽然情节平淡，但是平静中有坚持、激情、希望和奋斗。特别让我们深受感染的，是每一个家庭之中都有着这样一种精神：站在油盐酱醋的普通生活中遥望美好未来、面对艰辛依旧积极向上的乐观。这让我们充满信心地看到了社会的未来、民族的希望。

知识拓展

《中国图书评论》杂志社主编杨平推荐此书:“本书以‘我们家这十年’为主题,以和谐、温暖为基调,记述个人、家庭与共和国一起成长的动人故事。我们出版主流作品,在表现形式上不一定非得是自上而下的,不一定非得那么正统。我们最后传达出一种有价值的东西出来,那才是最主要的。《我们家这十年》的作者以普通老百姓为主,发动面宽,沉到最平凡、最基层的百姓生活之中发掘感动人心的故事,非常真实,也极具草根性,以一种浓郁饱满的温情基调体现着社会主义核心价值观,充分地反映了胡锦涛总书记一直重视强调的民生问题。以小视角承载大立意,记录10年来中国社会经济生活的变迁,使本书具有了10年生活史、社会史的纪实性意义。”

中国作家协会创作研究部研究员胡平推荐此书:“《我们家这十年》反映了中国当代社会最普通的老百姓的生活经历,是一本见证百姓与共和国同生共长的人文读本。该书对10年来中国老百姓对幸福生活的追求和奋斗历程做出了真实感人的记录,展现了一幅宏阔新颖细腻的平民图。该书读起来温馨感人,平淡朴素却充满幸福感的平民故事,凸显出一种自然的魅力和真切的美感。

中国平民的生存状况,就是我们最大的国情、最实的民情。研究国情,就应该首先关注平民的生产和生活情况;关注民情,更需要对平民的生存现状进行深入细致的调查研究,看看平头百姓们究竟在想什么,做什么,是怎么生活的。相信任何一个关心自己祖国的人,都会怀着一份认真的态度,来关心和关注中国平民的生存状态。”

进一步阅读书目

吴思，李晨主编. 起点：亲历中国改革开放. 北京：新华出版社，2009.

刘卫兵. 我们这30年——一个记者眼中的中国改革开放. 北京：外文出版社，2013.

话说中国

作者简介

杨善群，上海市人，现为上海社会科学院历史研究所副研究员，《史林》副主编，中国先秦史学会理事，《孙子兵法》研究会理事。著作有《越王勾践新传》（上海人民出版社 1988 年初版，台湾云龙出版社 1991 年再版）；主要论文有《孔子评传与西周春秋社会》《老子道论辨析》《商鞅允许土地买卖说质疑》等五六十篇。

背景介绍

1997 年 5 月，《话说中国》图书工程正式启动。2002 年 12 月，全书基本定稿。2003 年 8 月，美国《读者文摘》购买本书版权。2003 年 9 月，第一卷《创世在东方》出版。2004 年 10 月，美国《读者文摘》出版的 1—3 卷海外繁体字版亮相法兰克福书展。2005 年 4 月，历经 8 年，《话说中国》全套 16 卷全部出齐。

内容概括

《话说中国》共16卷本，讲述了1500余则故事，介绍了1500位历史人物，收集3000幅以上图片，包含7500条历史文化百科知识，将政治史和文化史有机地结合为一体；全面勾勒出中国历史从史前到清末民初的发展轨迹。在体例上，导言、正文、知识花絮、专题等内容相互融合，相互补充，为读者更好地理解历史故事精髓、获取必要的知识信息、历史知识提供了很好的阅读平台。在内容上，突出历史人物、历史事件，将事件、人物与大的历史背景相结合，以全面的信息弥补故事中知识点的不足，使读者在阅读过程中，感性认识和理性认识能够高度统一，在每一页面都能够感受到中国历史和中国文化的无穷魅力。

全书依时序分为：《创世在东方》《诗经里的世界》《春秋巨人》《列国争雄》《大风一曲振河山》《漫漫中兴路》《群英荟萃》《空前的融合》《大唐气象》《变幻中的乾坤》《文采与悲怆的交响》《金戈铁马》《集权与裂变》《落日余晖》《枪炮轰鸣下的尊严》。全书有以下几个特点：

第一，整个版面构成充分体现出本书以故事体文本为主体的特点，体现出本书作为历史百科全书的知识信息密集、图文并重的特点，使读者在本书任何一个页面上，都能感受到历史文化的魅力与编纂创意的匠心。

第二，为了更好地理解故事，在实际学习生活中运用故事，本书在故事体文本中，特地为读者准备了故事导读、故事段落标题与故事编号等三个重要内容。故事导读概述了故事精要，它与故事段落标题，都是为了让读者更好地理解故事的精髓，同时让读者以一种轻松便捷的方式快速获得文本重要信息。故事编号则与检索系统有关。

第三，人物、典故和关键词索引具有很大信息量和实用性。在每一则故事中，都含有故事核心内容（即故事内核）、故事人物和故事典故等基本要素。本书将此三要素提炼出来，标注在每则故事的右上角（加上故事来源），并汇编成索引于书末。故事编号则是与书后编制的“人物”“典故”“关键词”等三个索引相联系。

第四，以密集的信息，弥补故事叙述中知识点不足的局限，从而使故事的感性冲击力与历史知识的理性总结结合起来，高度统一。这让读者既享受了故事所带来的审美快感，同时又能寻绎历史的大智慧。如“中国大事记”“世界大事记”“历史文化百科”“历史大考场”和图片说明文字等专栏中的有关内容，都是经过精心选择的练达的知识板块，既是历史知识的精华，又体现当时社会人生百态，体现当时寻常百姓的寻常生活。

第五，具备再现历史现实的图片系统。本书图片内容涵盖面广泛，能够深入再现历史现实，立体凸显了每一不同历史时期社会生活各方面的发展变化。透过生动的“图片里面的故事”，可以体味其中蕴涵着的深刻内容。

《说话中国》一书不仅仅是在讲述历史故事，而且传承着中华民族生生不息的精髓和文化传统，并将之演绎得更为生动传神。通过《说话中国》一书，能够使读者在中国历史文化的长河中，不仅欣赏到绮丽无边的美景，还能引导读者回归曾经亲切的心灵港湾。

知识拓展

《话说中国（典藏版）》的八大看点：

1. 以故事传承中国五千年历史，立体化全方位展示中国历史文化精华，使现代人轻松走进历史的缤纷世界，和巨人同游，与先贤对话。

2. 享誉海内外的史学界顶尖学者李学勤教授担任总顾问，并由他精心组织了一批著名的断代史专家出任各卷的顾问。

3. 中国韬奋出版奖获得者、上海文艺出版集团总编辑何承伟担任总策划，全书集中了其从事编辑出版工作30余年的能量与智慧。

4. 著名学者、断代史专家孟世凯、许倬云、葛剑雄、陈高华、熊月之等任顾问，全力参与策划、编撰与审定。

5. 杨善群、刘精诚、顾承甫、程念祺等30余位来自全国各地的第一线历史学者撰写全书文字，将个人长年的学术精华融于书中，倾力奉献既经典又精彩的篇章。

6. 全书12幅4开地图，由著名史学家、复旦大学历史地理研究中心主任葛剑雄教授精心阐释、审定，系统展现从秦皇汉武直到现代各历史时期疆域变迁、民族融合、对外交往、名人胜迹等生动内容。

7.《清明上河图》《兰亭序》《韩熙载夜宴图》《红星照耀中国》等名作巨幅拉页，原图引进，仿真印制，展现原作的惊世风采，配以名家精心点评，让你轻松拥有国宝，读懂国宝。

8. 优秀装帧设计家、首届上海出版人奖获得者袁银昌领衔设计整体包装。装帧版式设计独具匠心，完美体现出现代性创意百科全书的特征，体现出为读者着想的良苦用心；美妙的图与文组合，为读者提供一程赏心悦目的中国历史文化之旅。

进一步阅读书目

冯克力主编．老照片豪华典藏本．济南：山东画报出版社，2011.

吴涵碧．吴姐姐讲历史故事．北京：新世界出版社，2011.

林汉达．林汉达中国历史故事．北京：中国少年儿童出版社，2013.

新版上下五千年

作者简介

林汉达(1900—1972),浙江省慈溪县人,著名教育家、文字学家、历史学家。曾化名林涛。1928 年,任上海世界书局编辑,后出任上海世界书局英文编辑部主任、出版部主任。1937 年,赴美国留学,考入科罗拉多州立大学研究生院民众教育系,获得硕士、博士学位。回国后任华东大学英语系教授,后出任教育系主任、教务长、教育学院院长等职。1945 年底,与马叙伦等共同发起成立中国民主促进会,当选为常务理事。曾任关东文协理事长,大连市新文字协会主任,光华书店总编辑,辽北省教育厅长,辽北学院副院长等职。1949 年,参加中国人民政治协商会议,并参加会议筹备工作,后出席第一届中国人民政治协商会议全体会议。新中国成立后,历任北京燕京大学教授、教务长,中央教育部社会教育司司长,全国扫盲委员会副主任,教育部副部长,《中国语文》杂志副总编辑、总编辑,中国文字改革委员会委员、研究员,中国民主促进会中央委员会副主席。曾任全国人民代表大会第一、二、三届代表。林汉达先生从 20 世纪 20 年代起即从事研究和写作，著作丰富，涉及面广，颇有影响。教育方面的著作有《向传统教育挑战》《西洋教育史讲话》等；文字改革方面有《中国拼音文字的出路》《中国拼音文字的整理》等；通俗历史读物有《上下五千年》《东周列国故事新编》《前后汉故事新编》《三国故事》等，共达 60 余种，是一份极其珍贵的文化遗产。特别是他的通俗历史读物，深受几代青少年读者的欢迎。

背景介绍

在华夏广袤的大地上，我们的祖先以伟大的创造力、强大的生命力和巨大的凝聚力世世代代繁衍生息，历尽磨难，从远古走到现代，从蒙昧走向文明。五千年来，中华民族走过了一条不寻常的道路，铸成了灿烂的中华文明。

作为中国人，我们只有全面了解民族的历史，才能更好地把握今天，创造明天。因此我们特编本书，撷取了最能反映中华文明面貌的题材，以生动简洁的叙述和形象逼真的插图将浩繁的史籍活脱出一个适于读者轻松阅读的氛围。本书能够帮助读者增加知识含量、开阔视野，真正成为一个优秀的炎黄子孙！

内容概括

《上下五千年》是 20 世纪 70 年代末、80 年代初少年儿童出版社出版的一套优秀历史读物，一问世就受到读者的热烈欢迎，获得了国家图书奖提名等多项荣誉。由林汉达确立的深入浅出、生动流畅的文体风格，开创了通俗历史读物的一个新时代。

《上下五千年》的内容止于鸦片战争前，已不能满足读者进一步了解中国近代史的阅读需求，上海少年儿童出版社对旧版进行了修订，将其延至辛亥革命，并将篇目从 262 篇扩充到 332 篇，增加了科技、经济、文化、艺术、民族、法律、外交等方面的内容，从而使《新版上下五千年》更加丰富多彩，让跨入新世纪的青少年读者更全面地了解上下五千年中华民族的悠久历史和灿烂文明，激发青少年的民族自豪感和爱国主义热情。

知识拓展

我国历史悠久，朝代更零星纷繁。每朝的创建者要首办的第一件事就是确立国号（朝代名称）。国号就是一个国家的称号。《史记·五帝本纪》："自黄帝至舜禹，皆同姓而异其国号，以章明德。"

朝代的名称是由什么决定呢？大致有五个来由：由部族、部落联盟的名称而来；来自创建者原有封号、爵位；源于创建者原始所在政权统治的区域；源于宗族关系；寓意吉祥。

夏：据传禹曾受封于夏伯，因用以称其政权为"夏"。另据历史学家范文澜先生说，禹的儿子启西迁大夏（山西南部汾浍一带）后，才称"夏"。

商：相传商（今河南商丘南）的始祖契曾帮助禹治水有功而受封于商，以后就以"商"来称其部落（或部族）。汤灭夏后，就以"商"作为国名。后盘庚迁殷（今河南安阳西北）后，又以"殷"或"殷商"并称。

周：周部落到古公亶父时，迁居于周原（今陕西岐山）。武王灭殷以后，就以"周"为朝代名。周前期建都于镐（今陕西西安西南），后来平王东迁洛邑（今河南洛阳），因在镐的东方，就有"西周"和"东周"的称号。

秦：据《史记》记载，本为古部落，其首领非子为周孝王养马有成绩，被周孝王赐姓为“嬴”，并赐给了一小块土地（今甘肃天水县，另说是陇西谷名）。后来襄又救周有功被封为诸侯，秦始皇统一六国，始建秦国。

汉：项羽封刘邦为汉王，以后刘邦击败项羽，统一中国，国号称“汉”。汉朝前期都长安，后期都洛阳，故从都城上有“西汉”和“东汉”，从时间上有“前汉”和“后汉”之分。

魏：汉献帝曾封曹操为“魏公”“魏王”爵位，曹丕代汉后便称“魏”。以皇室姓曹，历史上又称“曹魏”。

蜀：刘备以四川为活动地区，蜀指四川，其政权即称“蜀”。历史上也称“蜀汉”。汉指东汉的继续。

吴：孙权活动于长江下游一带，历史上曾建吴国，曹魏曾封孙权为“吴王”，故史称“孙吴”；又以地位在东，也称“东吴”。

晋：司马昭逼魏帝封他为“晋公”，灭蜀后进爵为晋王。后来他的儿子司马炎继承他的爵位，逼令魏帝退位，自立为皇帝，国号“晋”。

隋：隋文帝杨坚之父杨忠，曾被北周封为“随国公”。隋文帝后袭用此封爵，称为“随朝”。他认为随有走的意思，恐不祥，改为“隋”。

唐：唐高祖李渊的祖父李虎，佐周有功，被追封为“唐国公”，爵位传至李渊。太原起兵后，李渊称“唐王”，后废杨侑建唐朝。

辽：辽原称“契丹”，改“辽”是因居于辽河上游之故。

宋：后周恭帝继位后，命赵匡胤为归德节度使，归德军驻宋州（今河南商丘），赵匡胤为宋州节度使。故陈桥兵变后，发迹在宋州，国号曰“宋”。

西夏：拓拔思恭占据夏州（今山西横山县），建国时以夏州得名，称“大夏”。因其在西方，宋人称“西夏”。

金：金都城上京会宁（今黑龙江阿城南），位于按出虎水（今阿什河），相传其水产金，女真语“金”为“按出虎”。

元：据《元史》记载：“元”的命名，是元世祖忽必烈定的。是取《易经》上“大哉乾元”句中的“元”，有大、首等意思。但也有人认为与蒙古人的风俗与图腾有关，有的认为与佛教有关。

明：朱元璋是元末起义军之一，是继承郭子兴而发展起来的，郭子兴属于白莲教组织。白莲教宣称“黑暗即将过去，光明将要到来”，借以鼓舞人民反对黑暗的元朝统治。所以又称“光明教”。白莲教的首领韩山童称“明王”（他的儿子韩林儿称“小明王”），都体现其教义宗旨。朱元璋不仅曾经信仰白莲教，而且承认自己是白莲教起义军的一支（他曾为小明王左副元帅）。朱元璋取得政权后，国号称“明”。

清：满族是女真族的一支。女真族在北宋时建立金国。明末女真势力复强，重建金国（后金）。后金为了向外扩展，割断了同明朝的臣属关系，清太宗皇太极把“女真”改为“满洲”，把“金”改为“清”。在宋时女真人受制于契丹人，他们针对“辽”字在契丹语中是“铁”的意思，因此命名“金”，表示比铁更坚强有力，可以压倒“辽”。“金”改“清”的原因，史学家有不同意见，有人认为是皇太极要避免引起尖锐的矛盾。

进一步阅读书目

曾尚诺. 中华五千年. 合肥：时代出版传媒股份有限公司黄山书社，2009.

当年明月（石悦）. 明朝那些事儿. 北京：中国海关出版社，2009.

吴梦起. 五千年演义. 沈阳：辽宁少年儿童出版社，2011.

李津. 中国上下五千年. 北京：中央编译出版社，2010.

中国近代史

作者简介

王汝丰，云南昆明人。曾任北京大学历史系中国史专业主任、中国近现代史教研室主任，中国人民大学近代史教研室主任、历史系主任、校学术委员会委员、历史系学术委员会主席，并曾兼任北京市历史学会秘书长、副会长，中国史学会理事、副秘书长，中国抗日战争史学会理事，全国台湾研究会理事，中华炎黄文化研究会理事。主要著作有《近代中国简史》(合著)、《中国近代史》(合著)，两书均获奖；主编《清代宣南人物事略》和论文若干篇。主要著述：《中国人民反帝斗争史》(合著)、《近代中国简史》(合著)、《中国近代史》(合著)、《北平人民抗日斗争史稿》(主编)、《伟大的胜利——纪念中国人民抗日战争胜利50周年》、《台湾历史纲要》(合著)、《清代宣南人物事略》(主编)、《严复思想试探——严复之翻译及其思想》(收入《中国近代思想家论文选》)、《洪仁玕及其资政新编》《孙中山与〈上李鸿章书〉》《抗日战争的起点——卢沟桥事变》(收入《中日学者对谈录》)、《〈台湾人四百年史〉(汉文版)评介》(收入《台湾史研究论集》)。

背景介绍

19世纪末中国封建王朝走向末路,鸦片战争打开了中国闭关自守的局面。中国近代史也从此开始,封建王朝的小农经济逐渐解体,中国开始沦为半殖民地半封建社会。西方列强经过工业革命迅速发展,资本经济刺激了殖民主义的产生。英法等西方列强为了倾销工业产品,通过发动战争的形式打开中国的国门。在面临将沦为殖民地的危机下,中国人开始寻求国家的发展道路。面对列强的侵略,中华民族奋起抗争。从鸦片战争开始,中华民族走向了在抗争中发展的道路。

内容概括

《中国近代史》描述了从鸦片战争开始至新中国成立时期中国曲折的发展史,从鸦片战争英国打开中国国门开始,近一个世纪中国饱受列强侵略。一部中国近代史,就是一部中国人民的革命史,就是一部中华民族抵抗侵略的抗争史,就是一部中华民族打倒帝国主义以实现民族解放、打倒封建主义以实现人民富强的斗争史。一次次的侵略使中国人民的民主意识逐渐觉醒,中国人民开始了旧民主主义革命,但一次次的失败使中国人民开始意识到资本主义道路无法将中国从半殖民地半封建社会中拯救出来。俄国十月革命的胜利使中国人民看到了胜利的曙光。中国开始了新民主主义革命。在四面危机的情况下,中国共产党诞生了,在伟大的党的带领下,中国共产党领导中国人民经过北伐战争、土地革命战争、抗日战争和全国解放战争四个阶段，终于在1949年推翻了以蒋介石为首的国民党政府的统治，取得了新民主主义革命的胜利。

在近代史上，中国开始全方面地向西方学习，学习过程经历了从器物层面到制度层面再到思想层面这三个阶段。具体而言：第一阶段即鸦片战争到洋务运动期间，主要学习西方先进的军事和科学技术；林则徐、魏源、龚自珍等有识之士把忧国爱国热情倾注在冷静的政治思考中，他们是近代向西方学习的启蒙者，主张“师夷长技以制夷”。从1840年到1861年，中国的文人学者写出了二十多部介绍夷情的著作，介绍西欧国家地理、历史、政治、军事、经济诸情况。魏源在《海国图志》中提出：“夷之长技有三，一战舰，二火器，三养兵练兵之法。”洋务派兴起了“制器练兵”“富国强兵”的洋务运动，实质上是一个军事上、技术上的西化运动。洋务运动时期还引进翻译了一批数学、物理、化学、地质学、天文学、医学、农学著作，创建了一批冶炼、机械制造、化工、轻工、农产品加工、民用工业的官办或民办工厂，创设一批近代学堂、医院报馆……主动性引进西学无疑有其进步性，但洋务派对西学的引进，主要从实用目的出发，重在西方的技艺。整体而言，他们学习西方有些舍本求末。第二阶段即从戊戌变法到辛亥革命时期：学习西方近代民主政治制度。这一阶段维新派和革命派热衷西学，师法西方，以期中国富强。清廷当局被迫有限地开放禁区，改变政务，调整工商、教育等方面的改革。从学习西方的角度而言，这一阶段有两个明显特点：一是对西方政治体制的关注；二是对西方学术思想特别是社会科学的引进。康有为、梁启超等维新人士，对西方社会科学在中国的传播做了重要贡献。而严复更是近代介绍西学的巨匠，他曾亲身体察英国社会制度，研习孟德斯鸠等资产阶级政治学说，把建立英国式君主立宪的资产阶级国家制度作为最高理想。1895年他在天津《直报》上发表了震动一时的政论《原强》等，并译述了赫胥黎的《天演论》、亚当·斯密的《原富》、穆勒的《名学》等西方社会科学名著，将进化论和天赋人权论引进中国思想界。第三阶段即民国初期至"五四"时期：学习西方的启蒙思想及文化精神。1915年爆发了以"科学"与"民主"为旗帜的新文化运动，展开了新旧之学的激战。到"五四"前后，学会林立，社团峰起，西方的哲学、史学、经济学、社会学、政治学以及社会主义、无政府主义、实用主义、改良主义等各种社会思潮广泛流入中国。李大钊、陈独秀、胡适、吴虞、鲁迅等一批具有现代意识的知识分子，致力于批判封建旧中国的专制黑暗、建构中国思想文化的现代性，在启蒙大众思想方面做出了积极的努力。马克思主义也是在这一阶段开始流入中国并得到广泛的传播。

进一步阅读书目

蒋廷黻. 中国近代史. 武汉：武汉出版社，2012.

（美）艾米·蔡著，刘海青、杨礼武译. 大国兴亡录. 北京：新世界出版社，2013.

中华人物故事全书

作者简介

杨文衡，苗族，湖南城步县人。曾任第九届全国政协委员、全国政协民族与宗教专门委员会委员、中国地质学会徐霞客研究分会副会长。主要著作：《中国古代地理学史》（合著）、《徐霞客及其游记研究》（合著）、《徐霞客》（合著）、《中国科技史话》（合著）、《中国人物故事全书》（合著）、《世界地理学史》（主编）、《中国的风水》（合著）、《中华文化通志·地学志》（主编）、《中国科学技术史·地学卷》、《国学举要·术卷》（合著）、《易学与生态环境》（专著），学术论文60余篇。

尹世霖，山东日照人。曾任中国作家协会儿童文学委员会委员、北京作家协会儿童文学委员会副主任、北京科技辅导员协会副秘书长。尹世霖既是著名的儿童文学作家，又是一代名师，被誉为“教育诗人”。著有诗集《红旗一角的故事》《少年朗诵诗》《校园朗诵诗集》《让诗长上翅膀》《童话朗诵诗》等9部，历史文学《三国兴亡》《岳云小将真传》等，电视剧剧本《养“吊死鬼”的孩子》等。

背景介绍

中国历史上下五千年，其中对历史发展起到重要影响作用的人物不可胜数，那么哪些人物是青少年读者感兴趣的呢？哪些人物的品质、事迹能对青少年朋友产生积极正面的影响呢？

内容概括

《中华人物故事全书》是一套专为少年儿童编写的大型人物故事丛书。它包括古代和近现代两部分，讲述了中华民族历史上各个时期各个方面500多位著名人物的故事。他们当中有政治家、军事家、思想家、科学家、文学家、艺术家，还有妇女、儿童的杰出代表。各个时期、各个方面的代表人物竞显自己的风采，使本书的内容丰富动人并具有深刻的内涵。它为读者提供了一个认识名人、了解祖国悠久历史和文明成就、吸取继承中华民族优良传统的阵地，从而也就对弘扬爱国精神、提高全民族特别是青少年的思想文化素质，起到潜移默化的作用。

本套丛书共10本，分别为：《中华人物故事全书——千古名君》《中华人物故事全书——治国贤臣》《中华人物故事全书——兵圣名将》《中华人物故事全书——睿智先哲》《中华人物故事全书——诗仙诗圣》《中华人物故事全书——文学大家》《中华人物故事全书——能工巧匠》《中华人物故事全书——丹青妙手》《中华人物故事全书——少年英才》《中华人物故事全书——科学巨擘》。

这套丛书具有以下几个显著特点：第一，本书的内容全部取材于史书记载，不会出现史实错误，真实性、科学性经过考订，文字作者杨文衡、张小林、马允伦、孟祥才等是知名的历史学者，写作严谨，因此青少年读者可以放心阅读；第二，在写作上，本书采取普通话口语讲故事的形式，用几个或者十几个最能体现人物特点的小故事，把人物的生平事迹讲述出来；这样的写作手法，让读者在阅读时不觉枯燥，能保持浓厚的阅读兴趣；第三，本书的插图由我国画坛知名的画家刘大为、杨永青、李乃宙、张峻德等绘画，采用国画风格，具有浓厚的中国古风，让青少年读者能在阅读之余欣赏中国古典艺术，接受国粹古风的熏陶；而且，插图中的人物服饰及装饰、用具和兵器，也都是参照历史资料绘画，读者从插图中能获得许多知识，同时也展示了编者们科学严谨的作风。

这套书是集知识、思想、文学、语言和美术为一体的读物，具有多方面的功能。我们相信，无论是谁，只要认真阅读这套书，仔细品味，就都能从中获得令人愉悦的收益和启迪。

知识拓展

《中华人物故事全书》是说几千年来我国人物的事迹，文字浅显，故事突出，是老少咸宜的读物。

——冰心

我读到了《中华人物故事全书》，一下子就喜欢上了，这是一部好书啊！这么完整系统的一套书，确实有流传和保存的价值。

——故事爷爷孙敬修

我读了《中华人物故事全书》，非常赞赏。读后令人爱不释手。我相信：这套丛书对于弘扬爱国精神，传播中华文明，普及历史知识，提高青少年的思想文化素质都会起很好的作用。

——著名历史学家戴逸

进一步阅读书目

杨文衡. 十七世纪的现代学者·徐霞客及其游记. 深圳：海天出版社,2013.

孟祥才. 世界十大思想家之首：孔子. 北京：中国少年儿童出版社,2012.

金大业. 千古一帝：秦始皇. 北京：中国少年儿童出版社,2012.

我们的节日

作者简介

“中央文明办调研组”是“中央精神文明建设指导委员会办公室”的简称，主要是对一些地区进行有关精神文明和生态文明建设的调研和考察，切实推动当地相关工作的开展。

背景简介

中国的传统节日形式多种多样，内容丰富多彩，是我们中华民族悠久的历史文化的一个重要组成部分。传统节日的形成过程，是一个民族或者国家的历史文化长期积淀凝聚的过程。我国的传统节日，无一不是从远古发展过来的，从这些依旧流传至今的节日风俗里，我们依旧可以清楚地感受到古代人民社会生活的精彩画面。自2013年起，我国规定春节、清明节、端午节、中秋节四个传统节日为法定节假日。

节日的起源和发展是一个逐渐形成，潜移默化地完善，慢慢渗入到社会生活的过程。它是人类社会发展到一定阶段的产物，中国古代的这些节日，大多和天文、历法、数学，以及后来划分出的节气有关，这从文献上至少可以追溯到《夏小历》《尚书》，到战国时期，一年中划分的二十四个节气已基本齐备，后来的传统节日全都和这些节气密切相关。

内容概括

《我们的节日》是由中央文明办调研组编写、学习出版社出版。全书共分为上下两个部分，上部分是介绍春节、清明节、端午节、七夕节、中秋节、重阳节六个传统节日，下部分是对元旦、三八国际劳动妇女节、五一国际劳动节、五四青年节、六一国际儿童节、七一中国共产党建党纪念日、八一建军节、教师节、十一国庆节九个现代节日的详细介绍。中国的传统节日源远流长，富含浓厚的民族风俗和人文情怀，甚至一些流传的民间故事（如：中秋节、端午节、春节）。我们的节日凝结着中华民族精神和民族情感，承载着中华民族的文化血脉和思想精华，将人世间的悲欢离合、喜怒哀乐、美好期盼和吉祥祝愿提炼成为万古不衰的节日之魂。在世界文化逐渐交融的今天，传统节日在得到更好的传承和弘扬的同时，也受到了其他文化巨大的冲击。所以，在大力弘扬和培育以爱国主义为核心的民族精神、传承中华民族优秀文化传统、推动社会主义文化的发展繁荣等方面，本书通过传统节日弘扬民族优秀文化传统，就有了很大的意义。

值得一提的是，在漫长的历史长河中，历代的文人雅士、诗人墨客，为一个个节日谱写了许多千古名篇，这些诗文脍炙人口，被广为传颂，使中国的传统节日渗透出深厚的文化底蕴，精彩浪漫，大俗中透着大雅，雅俗共赏。中国的节日有很强的内聚力和广泛的包容性，一到过节，举国同庆，这与我们民族源远流长的悠久历史一脉相承，是一份宝贵的精神文化遗产。

知识拓展

1. 了解中国传统节日背后的历史和流传的故事。

2. 了解中国传统节日的有关风俗。

3. 你能说出多少有关节日的成语和诗歌？

4. 怎样正确看待中国传统节日与外来节日之间的关系？

5. 如果你有一个外国朋友，你会怎样跟他介绍我们中国的传统节日？

6. 有许多与节日相关的诗歌、文章，试着找出一些读一读，领略中国节日别样的魅力与独特。

进一步阅读书目

严敬群. 中国节日. 北京：东方出版社，2009.

刘刚. 节日的故事. 北京：中国旅游出版社，2004.

李露露. 中国节——图说民间传统节日. 福州：福建人民出版社，2005.

严敬群. 中国传统节日趣闻与传说. 北京：金盾出版社，2010.

中国的世界非物质文化遗产

作者简介

于海广，山东济南人，山东大学历史文化学院教授、博士生导师，专攻考古学（夏商周时期）、博物馆学和文化遗产保护。承担过的主要科研项目有："山东大学博物馆学研究""985 二期考古学项目""中美联合考古研究"。论著有：《中国文化遗产保护概念》《探寻、追寻与在现》《传统的回归与守护》《田野考古学》《泗水尹家城》。

背景介绍

非物质文化遗产是指各种以非物质形态存在的与群众生活密切相关、世代相承的传统文化表现形式，包括传承表演艺术、民俗活动、礼仪节庆、传统手工艺等。中国的世界非物质文化遗产不仅是国人技艺、经验和精神的一种体现，更是中华民族智慧和文明的结晶，在联系各个民族情感和实现国家繁荣富强等方面有着不可替代的作用。《中国的世界非物质文化遗产》一书收入的是 2001—2009 年间被联合国教科文组织列入世界非物质文化遗产名录的 29 项世界遗产项目，它们都具有文化多样性、厚重的历史积淀和重要的保护传承价值，但随着全球化趋势的加强和现代化进程的加快，我国非物质文化遗产受到冲击，加强非物质文化遗产的保护迫在眉睫。

内容概括

《中国的世界非物质文化遗产》由山东画报出版社出版，是于海广教授近几年来在非物质文化遗产研究中完成的第五本著作。该书一共分为 29 个篇章，分别对被列入世界非物质文化遗产名录的 29 项中国项目逐一进行了详细的解读。每一个篇章又由三个基本部分组成。第一部分是对该项遗产的产生和发展历史的梳理，以此来说明其历史积淀的深厚；第二部分是对该遗产具体内容的分析，着重点在于对其优秀文化内涵和特征的解说，以突出该项遗产独具特色的内容；第三部分是结合该项遗产的自身特点和生存状况，在保护规划和保护措施方面进行论述，体现“保护为主，抢救第一，合理利用，传承发展”的保护方针。该书以《自豪与压力同在，希望与危机并存》为代前言，作者将近几年的研究心得进行了概括性阐述，对非物质文化遗产的保护起到了举足轻重的作用。非物质文化遗产是具有历史、文学、艺术、科学价值的财富，是民族文脉延续和文化多样性的反映，对人类的过去、现在和未来都有重要意义。

该书讲述的中国被列入《世界遗产名录》的非物质文化遗产分别是：昆琴、中国古琴艺术、新疆维吾尔木卡姆艺术、蒙古族长调民歌、中国蚕桑丝织技术、福建南音、南京云锦、安徽宣纸、贵州侗族大歌、广东粤剧、《格萨尔史诗》、浙江龙泉青瓷、青海热贡技术、藏戏、新疆

《玛纳斯》、蒙古族呼麦、甘肃花儿、西安鼓乐、朝鲜族民乐舞、书法篆刻、剪纸、雕版印刷、传统木结构营造技艺、端午节、妈祖信俗、京剧、中医针灸、中国皮影戏、珠算。中国的世界非物质文化遗产具有鲜明的民族特色和地域特征，每一项遗产均历经数百年乃至数千年传承演变，是同类遗产中的卓越代表。保护非物质文化遗产是我们每个人不可推卸的责任，是我们这个时代值得关注的焦点问题，这也是作者写这本书最大的目的之一。

知识拓展

1. 中国申请世界非物质文化遗产的艰辛之路。
2. 非物质文化遗产存在的意义何在？
3. 探讨如何保护中国的世界非物质文化遗产的良策。
4. 世界的非物质文化遗产你知道多少？
5. 作为新一代接班人的我们，该为保护中国的世界非物质文化遗产做些什么？

进一步阅读书目

牟延林，谭宏，刘壮. 非物质文化遗产概论. 北京：北京师范大学出版社，2010.

叶朗，朱良志. 中国文化读本. 北京：外语教学与研究出版社，2010.

讲给孩子的中国地理

作者简介

刘兴诗，四川德阳人。主要研究第四纪地层学及地貌学。教授、研究员，先后在北京大学、华中师范学院、成都地质学院任教。中国科学文艺委员会委员，中国地质作家协会副主席。20 世纪 60 年代初开始业余创作，迄今在境内外出版 72 本书，1600 余篇其他作品。在海内外获奖 89 次，两本书入选全国红领巾读书读报奖章活动推荐书目。《美洲来的哥伦布》被评为中国科幻小说重科学流派代表作。

背景介绍

中国位于亚洲东部、太平洋的西岸。领土辽阔广大，总面积约 960 万平方千米，仅次于俄罗斯、加拿大，居世界第三位，第四位为美国。面积差不多同整个欧洲相等。

中国地势西高东低，山地、高原面积广大。东西相距约 5000 千米，大陆海岸线长达 18000 多千米，气温降水的组合多种多样，形成了多种多样的气候。

人口的突出特点是人口基数大，人口增长快，民族众多。资源丰富，中国可分为北方地区、南方地区、西北地区、青藏地区四大部分。

中国现行政区基本划分为省（自治区、直辖市）、县（县级市、自治县）和乡（镇）三级，中国有 34 个省级行政区，包括 23 个省、5 个自治区、4 个直辖市、2 个特别行政区。在历史上和习惯上，各省级行政区都有简称。省级人民政府驻地称省会（首府），中央人民政府所在地是首都。北京是中国的首都。

乡镇是中国最基层的行政单位。自治区、自治州、自治县是少数民族聚居地区的民族自治地方，国家根据需要，还可以设立特别行政区。此外，为了便于行政管理和经济建设，为了加强民族团结，国家可根据需要对行政区划作必要的调整和变更。

香港和澳门是中国领土的一部分。中国政府已于 1997 年 7 月 1 日对香港恢复行使主权，成立了香港特别行政区；于 1999 年 12 月 20 日对澳门恢复行使主权，成立了澳门特别行政区。

内容概括

在导言里，编者这样写道：“在世界东方的一片辽阔的土地上，屹立着一个伟大的文明古国。她是谁？她就是我们亲爱的祖国，五星红旗飘扬的中华人民共和国呀！”本书对我国各个省、市、自治区的地理位置、人们的生活状况、旅游景点和我国近年来的各个特大工程一一作了介绍。

中国是个地域辽阔的地方，可以分为华东、华南、华中、华北、西北、西南、东北、台港澳八个地区。在这片土地上孕育着中华五千年的文化。多样的地形地势，丰富的自然资源，山河交错，此起彼伏。以秦岭—淮河一线为界，南、北方外流河水文特征差别明显：南方外流河流量大，水位季节变化较小，汛期较长，含沙量小，无结冰期；北方除黑龙江等少数河流外，河水的流量小，水位季节变化大，汛期较短，含沙量大。其原因是南方降水量大，雨季长，植物较茂盛，河流的泥沙含量少，冬季气温在0℃以上。北方正好相反。由于地形和位置差异，大致分为三大自然区，一是以流水作用为主的东部季风湿润区，二是以风蚀、冰蚀与流水作用为主的西北干旱区，三是以冰冻、风蚀作用为主的青藏高原高寒区。

这套书的文字很活泼。比如说到珠三角，题目是经济腾飞的"珠三角"，开头是这样的：珠江口有一个"珠三角"，这是中国华南的粮仓，改革开放的经济发展新基地。珠江三角洲和别的河流三角洲有些不一样。它不是一条河流"独家经营"的，而是珠江的三个上源——西江、东江和北江，共同堆积形成的复合三角洲，所以它有好几个分汊的顶点，而不是只有一个三角形的顶点。它不是一片大平原，上面还有许多小山，这是珠江的泥沙充填了海湾后，留下的一座座岛屿，总共有290多个，简直可以说是抛在陆地上的一个群岛啊。

再看介绍海河的"海河的故事"：什么河，主流短，支流长？这是海河。什么河？水系好像一个大漏斗？这是海河。什么河，曾经把河道让给别的大河用？这也是海河。为什么说海河的主流短，支流长？你看……

这套书对每个地点除了文字介绍，还配了图片，可以说是图文并茂，令读者读起来很有兴趣，而且适合做爱国主义教育。热爱祖国，先从了解我们居住的这片土地开始吧。

知识拓展

中国大陆海岸线长达 18000 多千米，自北向南濒临的近海有渤海、黄海、东海和南海。中国的领海，是指从海岸基线向海上延伸到 12 海里的海域。渤海和琼州海峡为中国内海。沿海分布有台湾岛、海南岛、崇明岛、舟山群岛、南海诸岛等 5000 多个大大小小的岛屿。

中国近海渔场很多。东海素有天然鱼仓之称。舟山渔场是中国最大的渔场，北方的渤海海湾渔场以盛产对虾著称。

中国的海盐产量居世界首位。主要盐场有长芦盐场、莺歌海盐场、布袋盐场。中国海洋矿产资源很丰富，石油、天然气是重要的海洋矿产。蕴藏量以东海大陆架最佳，南海和渤海次之。

中国近海大陆架比较广阔，渤海和黄海的海底全部、东海海底的大部分和南海海底的一部分，都属于浅海大陆架。开发海洋资源，尤其是石油资源主要是在大陆架上进行的。

进一步阅读书目

地质出版社地图编辑室，北京建宏世纪文化科技有限公司编. 中国地理地图册. 北京：地质出版社，2010.

地质出版社地图编辑室. 世界地理地图. 济南：山东省地图出版社，2010.

《中国国家地理杂志》月刊，1950 年 1 月创刊，每月 7 日出版。

五十六个民族
五十六朵花

作者简介

余建忠，云南昆明人，全国优秀教师，曾任云南大学附属中学校长、云南大学附属外国语学校校长、云南北辰高级中学校长、云南大学人文素质部主任、云南大学人文学院副院长、云南省人民政府督学。现任云南大学人文学院教授、硕士生导师。余建忠是云南省作家协会会员、云南省音乐家协会会员，并担任云南省诗词学会常务理事、中国伦理学会德育专业委员会常务理事、云南省大学国文研究会副会长。发表教学论文、散文、诗歌、歌曲等数百篇，出版著作、教材及各类教学用书（主编、合编、独撰）数十本，主要著述有：《多彩的民族画卷》《大学国文精读》《语文教学基本功》《五十六个民族五十六朵花》《大学语文》《校园之春》《俄罗斯族》《彩色国度》《语文教学指南》《中华美德故事》《灿灿星光》《中华民族掠影》《中国古代名诗词译赏》等。作品先后获云南省首届精品文化工程奖，中国图书奖二等奖，国家教委、国家文化部二、三等奖，全国西部教育图书二等奖、一等奖、特等奖。

背景介绍

我国地大物博，在这片土地上孕育了五十六个民族。每个民族都有着自己独特的历史文化、风俗习惯。新时代的青少年理应具备有关少数民族的通识性知识，这样才能为新时代的五十六个民族团结奋进的大好局面贡献自己的力量。青少年作为祖国的未来，应该学会懂得尊重和保护民族文化，从而实现民族融合与民族发展。

内容概括

从遥远的古代起，中华各民族人民的祖先就劳动、生息、繁衍在中华大地上，共同为中华文明和建立统一的多民族国家贡献自己的才智。众所周知，中国自古以来便是多民族国家，随着时代的发展，五十六个民族经过相互影响，相互融合，演绎出五十六个民族团结奋进，共同建造美好家园的团结史诗。“五十六个民族五十六朵花”，文如其名，五十六个民族各有千秋，每个民族都凭借着本民族得天独厚的文化底蕴在民族文化史上留下了浓墨重彩的一笔。

读《五十六个民族五十六朵花》一书，读者仿佛置身于民族绚丽多彩的文化海洋中。细品全书你便会发现，全书以短小精悍、通俗易懂的语言介绍了我国五十六个民族不同的历史文化、风俗习惯。全书采用歌谣，传说故事引入对民族知识的介绍。大量的插图使得全书并不单调。插图分为三种：各民族的标准像，各民族的歌舞图片和由小学生自己绘制的各民族人物画。这些生动的图画使得读者不会感到枯燥乏味。

书中介绍了中华人民共和国是全国各族人民共同缔造的统一的多民族国家。迄今为止，通过识别并经中央政府确认的民族有56个，即汉、蒙古、回、藏、维吾尔、苗、彝、壮、布依、朝鲜、满、侗、瑶、白、土家、哈尼、哈萨克、傣、黎、傈僳、佤、畲、高山、拉祜、水、东乡、纳西、景颇、柯尔克孜、土、达斡尔、仫佬、羌、布朗、撒拉、毛南、仡佬、锡伯、阿昌、普米、塔吉克、怒、乌孜别克、俄罗斯、鄂温克、德昂、保安、裕固、京、塔塔尔、独龙、鄂伦春、赫哲、门巴、珞巴、基诺等民族。在中国，由于汉族以外的55个民族相对人口较少，习惯上被称为"少数民族"。中国各民族分布的特点是：大杂居、小聚居、相互交错居住。汉族地区有少数民族聚居，少数民族地区有汉族居住。五十六个民族构成了中国多姿多彩的民族文化。

知识拓展

1. 我国的民族政策是什么？
2. 我国从什么时候确立了五十六个民族？
3. 确立民族政策的依据是什么？
4. 中华民族经历了几次大的融合？

进一步阅读书目

四川民族出版社编. 五十六个民族五十六枝花. 成都：四川民族出版社，2008.

姚博，陈涛. 中华上下五千年民族风情. 北京：西苑出版社，2009.

吕思勉. 中华民族源流史. 北京：九州出版社，2009.

美丽的宝岛台湾

作者简介

曾学文，英国皇家艺术研究院终生荣誉院士、客座教授，贵州印象荣太和文化传媒有限公司总经理，贵阳市影视演员剧团团长，贵阳市声乐家学会理事，贵阳新天地音乐学院副院长，贵州省音乐家协会会员，贵州省写作学会副秘书长、宣传部副部长，贵州省散文学会理事，中国文章学研究会会员。先后在中央、省、地区级各类报纸、杂志上发表文章200余篇。

背景介绍

台湾自古以来就是我们伟大祖国不可分割的一部分，台湾人民是我们的骨肉同胞。多年来，经过海峡两岸人民的共同努力，两岸人民的往来、经济、文化等方面有了很大的发展。尽早实现祖国的和平统一，是海峡两岸人民的共同愿望。本书通过对台湾地理、历史、事件、人物、民族、民俗、艺术、景观和奇珍等的描写，全方位、立体地将台湾展现在读者面前。

内容概括

台湾是这样一个地方：这里世代生活着与我们血脉相连的兄弟姐妹；这里留下了先辈们开发台湾时可歌可泣的英勇事迹；这里有汉族和高山族同胞共同创造的丰富历史和文化资源；这里有令人神往的阿里山、日月潭；这里的山川回荡着优美的歌声：“高山常青，泉水常蓝，阿里山的姑娘美如水啊，阿里山的少年壮如山……”台湾像一颗璀璨的明珠，镶嵌在祖国的东南沿海。

全书分为十篇，依次为：地理篇、历史篇(一)、历史篇(二)、事件篇、人物篇、民族篇、民俗篇、艺术篇、景观篇、奇珍篇。

其中，地理篇介绍了台湾的岛屿组成，台湾的纬度位置，海陆位置，交通位置，台湾的地形地势，气候类型，气温情况，并描写了台湾河流多且短而急；多火山、地震；自然资源丰富。

景观篇介绍了台湾著名的风景名胜，例如：淡水(包括渔人码头、观音山、淡水桥、小吃等)、爱河、旗津海岸公园、日月潭、礁溪、八里渡船头、海洋生物博物馆、台北 101 大楼、清净农场、鹿港天后宫。

民俗篇介绍了台湾的庆典活动。包括中华传统节庆，地方民俗庆典，少数民族祭典等种类。其中春节、中秋节、端午节为三大主要传统节庆。台湾各地由宗教活动或习俗所传承的民俗庆典，例如：东港王船祭、台南盐水蜂炮等。居于山林海滨的台湾少数民族为祈求农作和渔猎丰收，经常举办丰年祭、祖灵祭、狩猎祭等。

知识拓展

一、中国政府对台湾政策的发展变化

1. 新中国成立后，明确提出解放台湾。

2. 20世纪50年代中期，确立了争取用和平方式解放台湾的思想。

3. 改革开放后党和政府确立了和平统一祖国的大政方针。

4. 在邓小平“一国两制”的构想基础上，形成了和平统一、“一国两制”的对台基本方针。

5. 1995年初，江泽民提出发展两岸关系的八项主张，成为新时期推进祖国和平统一的指导思想。

二、对我国统一台湾的看法(必然性)

1. 从历史角度看，台湾自古以来就是中国领土不可分割的一部分。

2. 从民族角度看，海峡两岸同根同源，血脉相连，完成中华民族的统一大业是全体炎黄子孙的共同心愿。

3. 从现实角度看，海峡两岸日益密切的经济、文化交流，符合两岸人民的共同利益。

4. 从法律角度看，《反分裂国家法》的颁布为解决台湾问题提供了法律依据。

5. 从可行性来看，香港、澳门的回归和持续繁荣为统一台湾提供了范例。

三、为什么说台湾自古以来属于中国?

1. 从历史看，台湾自古就属于中国。从秦朝开始，台湾就与祖国大陆有着千丝万缕的联系。

2. 海峡两岸的中国人民反对外国侵占台湾进行了长期不懈的斗争。如郑成功收复台湾、台湾人民的抗日斗争等。

3. 国际社会公认台湾属于中国。如《开罗宣言》和《波兹坦公告》均承认台湾是中国领土不可分割的一部分。

4. 从地理上来说,现代科学证明,台湾不仅是东海大陆架的一部分,其基本地形也与大陆的地块相同。在地质成分上,台湾是与福建、浙江两省相同的酸性火成岩体。所以,后来有人送给台湾一个雅号——“浮福建”,意思是说,台湾是福建省漂浮在海上的部分。

进一步阅读书目

廖信忠. 我们台湾这些年. 重庆:重庆出版社,2009.

为力. 台湾,你一定要去. 北京:中国友谊出版社,2012.

蒋勋等. 行走台湾,台湾文化人说自己的故事. 北京:生活·读书·新知三联书店,2009.

香港回归

作者简介

背景介绍

香港自古以来便是中国固有领土。在近代中国与西方列强签订的第一个不平等条约《南京条约》中，中国将广东省宝安县的一个沿岸小岛香港割让给英国，从此香港岛开始了她的流浪之旅。1898年，列强企图瓜分中国，清政府腐败无能，任人宰割，英国政府提出租借新界。当年6月9日，英国驻华公使宾纳乐和李鸿章在北京签订“中英展拓香港界专条”，英国以租借为名，取得了新界，为期99年，7月1日生效。1941年12月25日，第二次世界大战期间，日军进犯香港，驻港英军无力抵抗，当时的香港总督杨慕琦无奈宣布投降。香港被日本占领，开始了三年零八个月的“日治时期”。1945年9月15日，日本战败后在香港签署降书，撤出香港。1984年12月19日，中英签署关于香港问题的联合声明，落实香港1997年之后实行“一国两制”。1997年7月1日，香港成为中华人民共和国的特别行政区。根据《香港特别行政区基本法》，香港保留原有的经济、法律和社会制度50年不变，实行“一国两制”，享受除外交与国防以外所有事务的高度自治权。至此，香港岛真正回到了祖国的怀抱。

内容概括

全书描述了近代中国香港回归的艰难历程。19世纪末中国在《南京条约》上签署协议割让香港岛，香港开始了她的漂泊旅程。1841年，英国强占香港岛后，清政府曾试图用武力予以收复，但清政府没有能力捍卫国家领土完整和主权独立。北京政府时期，在1919年的巴黎和会和1921年的华盛顿会议上，中国代表曾提出收回租借地的问题。但终因英国的顽拒和当时军阀混战、政局不稳和缺乏实力作外交的后盾而严重受挫。辛亥革命后，孙中山先生在中国国民党第一次全国代表大会通过的宣言中，明确提出了废除帝国主义强加给中国的不平等条约的奋斗目标，其中将取消列强在华租借地放在突出的地位。以蒋介石为首的国民政府直到太平洋战争爆发之前，从来没有向英国正式提出过归还九龙租借地。从1941年太平洋战争爆发到1945年8月日本无条件投降，本来有两次机会收回香港和九龙租借地，可是蒋介石政府执行错误政策，又两次坐失收复良机。无论是清政府还是民国时期的北京政府和国民政府，都曾为收复香港进行过努力。但是，所有这些努力都失败了。直到近代中国国力强盛，才开始了真正的收复香港岛。1984年中英签署关于香港问题的联合声明。1997年香港回归中国，实行“一国两制”“高度自治”。令全球瞩目的是，香港以实行“一国两制”这种史无前例的方式回归中国，开始了社会主义和资本主义共存的一大实验。“一国两制”的宗旨是国家统一，不是意识形态合并。

知识扩展

哪个条约的签署使九龙被割让？和中国签订香港岛回归的英国女王是哪位？新中国成立后为何未立刻收回香港岛？为何中国要在香港实行一国两制？一国两制为香港岛的发展带来了怎样的便利条件？近代香港岛经济发展怎么样？香港岛包括哪些岛屿？香港岛的回归历程是否顺利？

进一步阅读书目

魏君子主编. 香港电影史记. 北京：中国人民大学出版社，2013.

（澳）谢尔顿等著，胡大平，吴静译. 香港造城记：从垂直之城到立体之城. 北京：电子工业出版社，2013.

祖先的遗产

作者简介

雪岗，本名孙学刚。曾获首届全国优秀中青年编辑，中直机关工作能手称号。享受国务院政府特殊津贴专家。主要编辑作品有《中国历史故事集》（前五种为林汉达著）、《中国通史故事》《中华人物故事全书》《外国人物故事全书》《世界大人物丛书》《神圣抗战》《中国情》《中国儿童启蒙名著通览》《百科小史博览丛书》《儿童文学大师全集书系》等。主要著述有《中国历史故事集》（后六种）、《漱玉清芬李清照》《尼克松》《梅兰芳》《欧洲长篇小说改写与评析》《中华五千年》（有声读物）、《动物日记》《中国故事》《外国十大诗人精品选》《鲁迅作品精选》《少年儿童读物编辑学初探》及多种专栏、专文、论文等。出版有《雪岗文集》。

背景介绍

祖先给我们留下了许多宝贵的遗产，它们经过数千年的深厚积淀，慢慢渗进了中华儿女的血脉里。它们用其坚韧的存在，证明了中华文化特有的价值，影响、丰富着我们的生活。

学习、了解祖先留给我们的遗产，是我们作为一个中国人应该完成的任务。只有这样我们才能更好地了解我们的祖国。本书全方位地将祖先留给我们的遗产一一介绍，必能使我们更加热爱我们的祖国，增强我们的民族自豪感与责任心。在文化碰撞激烈的历史新时期，给青少年写这样一本书，是非常有必要的。

内容概括

本书主要阐述了中华传统文化的特征和继承问题，涉及传统思想学、古代科学技术、古典文学、古典艺术、传统生活习俗、传统道德、传统精神等方面。虽然前人对此已有了很多的描述，但本书在前人的基础上推陈出新，能够在众多文献中具有其独特的地位。正如作者所说："书中101个题目，要把哪一个问题讲全面、讲系统、讲深刻，都需要写一本书才行。然而文化又是无形的，要靠心灵去碰它，就看怎么讲，怎么去接触它，靠近它了。从这点上说，本书用不到两千字的短文讲每一个题目，似乎也够了。"作者在不到两千字的小小天地里纵横驰骋，深入浅出，把每个题目讲的透彻和真切。

本书行文简洁。从基本特征上讲，首先让读者对各个题目所述事物的形态有个具体的了解，然后引出实质性的分析。如对先秦诸子的学说进行解释时，作者抓住诸子思想中的最亮点进行展示，如孔子的"人学""仁学"及教育思想；孟子的"仁政"与"义"的学说；庄子的反教条与处世之道；墨子的平民意识与"非命非攻"思想。另外，比较也是作者常用的表现方法。在介绍历次文学高潮的代表——诗经、楚辞、汉赋、乐府诗、五言诗、唐诗、宋词、元曲、明清戏剧、小说和历代散文时，对它们各领风骚数百年的兴衰原因进行了探讨和比较。

我国文化有着独特的发展道路，同时又具有博大的胸怀，在几千年的时间里不断借鉴和吸收其他民族文化的成果，取得了今日如此辉煌的成就。书中对中华文化对外来文化的这种包容、共存、吸纳和共进现象提供了很有说服力的分析。其中有关宗教和民族问题的分析，尤其令人深思。书中通过对中国古代民族和宗教传统的评介，为人们提供了认识这些问题的思路。

知识拓展

对传统文化的正确态度是取其精华，去其糟粕。

有利于提升自身道德水平的就可以学习，不利于社会发展的就要摒弃。由于中国封建社会的时间太长，所以有些好东西都变极端了（比如“孝道”变成了愚孝，再比如“依法治国”变成了严刑峻法）。还有一些很明显的缺陷，比如男女不平等之类的观念，必然要抛弃。

易中天先生提出一个观点叫“抽象继承”。比方说“依法治国”不是学习严刑峻法，而是学习公平合理的精神；比方说“孝”不是牺牲自身尊严去侍候父母，而是学习拥有感恩的心；再比方说男女不平等不可取，但是男女工作合理分工确实可以提高工作效率。

进一步阅读书目

干春松，张晓芒主编. 中国传统文化百科全书. 北京：经济科学出版社，2008.

《书立方》编委会. 中华上下五千年. 重庆：重庆出版社，2010.

中国文化读本

作者简介

叶朗，浙江衢州人，擅长美学原理、中国美学史。曾任北京大学哲学系主任，兼任宗教学系、艺术学系主任。国务院学位委员会哲学学科评议组成员，教育部高等学校哲学学科教学指导委员会主任委员，中华美学学会副会长兼高校美学研究会会长，北京市哲学会会长，全国政协常委。主要著作《中国美学史大纲》《中国小说美学》《现代美学体系》《胸中之竹》等。1990 年获“国家级有突出贡献专家”称号，2001 年获国家级教学成果一等奖。

背景介绍

中国文化，亦称华夏文化、华夏文明，是中国 56 个民族文化的总称；且流传年代久远，地域甚广，被称为“汉文化圈”，特指社会意识形态，是社会政治和经济的反映。

中国文化不但对韩国和日本，还对菲律宾、新加坡、越南等东南亚、南亚国家和地区产生了深远的影响，郑和七下西洋更加深了这种文化的传播和辐射，并由此形成了世所公认的以中华文化为核心的东亚文化圈。随着中国国力的强盛、国际地位的提高，世界各国包括亚洲、欧洲在内的一些国家都对中华文化给予了高度的认同和重视。

内容概括

《中国文化读本》抓住中国文化中一些有特色的内容和亮点，用典型的事例和材料进行具体和深入的介绍。在介绍知识的同时，力求讲出中国文化的精神，讲出中国文化的内在意味，讲出中国文化的核心价值，显示中国人的心灵世界、文化性格、生活态度和审美情趣，在读者面前展示中国自古以来尊重自然、热爱生命、祈求和平、盼望富足、优雅大度、开放包容、生生不息、美善相乐的人文形象。

中华文化开始于华夏文明，华夏文明的源头有两个，即黄河文明与长江文明，并被北方蛮夷影响。中华文明是三种区域文明交流、借鉴、融合的结果。历经千年以上的历史演变，中国各大古代文明长期相互影响与融合。历史上中国人经历多次的民族融合过程，以中国文化为主体并多次融入其他周遭民族的文化与西域文化。

中华文化虽然孕育了诸子百家（道家、儒家、法家、墨家、杂家、纵横家、阴阳家、小说家、名家、农家等），但主要哲学流派为儒、道、释，且三派间相互影响深远。有人认为中国文化以儒道释三家之说为总本，而又以道家为中心，儒家为主干，佛学为相互配合。中国人的宇宙观方面以易经与老庄为代表，伦理社会观是以礼记孔孟之说为代表，佛家则以宣扬因果轮回的道理与儒道互相辅助而成。相较于西方世界自古希腊以来主客二分的思维，受阴阳五行、天人合一的观点影响，中国自周代以来，便以内外相成做思维的核心。

知识拓展

中国传统文化，指的是以中华文化为源头、中国境内各民族共同创造的、长期历史发展所积淀的文化。中国传统文化与中国古代文化是从不同角度来指称的。中国古代文化是针对现代文化而言，它是对文化的时代划分；传统文化是对文化的传承而言的，它强调的是文化的本源和沿着这个本源传承下来的全部文化遗产，它不局限于古代，而是迄今为止中华民族经过筛选、淘汰，不断丰富又不断增长的人文精神的总和。有人把传统文化等同于古代文化，从而认为讲究传统即是复古，甚至认为传统与现代化是不能并存的，或认为要实现现代化必须反传统。这种认识恰恰忽略了现代化进程仍然是传统文化发展的一个部分，一旦否定了传统，现代化与民族特点（也就是中国特色）就要脱节，与我们追求的目标是不一致的。也有人认为发扬传统就要拒绝引进和借鉴，或认为中国传统与西方文化是截然对立的。这种认识也是片面的，任何一种民族传统，在各个历史时期，都要受到其他民族文化的影响，引进和吸收其他文化一旦成为现实，也就是说，这些被吸收的外来文化一旦与自身的文化相融合，它便也成为传统文化的一个部分。没有一种文化是纯而又纯的，吸收外来文化是丰富和发展本体文化的正常途径之一。

关于中国文化的特征，一般可以归为三条：第一，天人合一，顺天应物；第二，家族伦理本位；第三，贵和尚中。西方文化则分别是：第一，天人相分与征服自然；第二，个人本位；第三，理性精神。

进一步阅读书目

王建辉、易学金. 中国文化知识精华. 武汉：湖北人民出版社,2007.
金开诚主编. 中国文化知识读本. 长春：吉林文史出版社,2011.
王力. 中国古代文化常识. 北京：世界图书出版社公司,2009.
曹伯韩. 国学常识. 北京：中华书局,2010.

中华成语千句文

作者简介

孙文华，吉林辽源人。历任兰州军区生产建设兵团宣传队编导，《红柳》杂志编辑，甘肃人民出版社编辑，青岛出版社副编审，《通俗文艺报》副总编辑。甘肃青年诗歌学会第一届副会长、会长。1959 年开始发表作品。1990 年加入中国作家协会。著有儿童诗集《雪山下的小河》《彩色的乐园》《小学生朗诵诗》，抒情诗集《蓝色的土地》，儿歌集《幼儿运动会》《五爱儿歌》，童话集《小圣猴》《崂山石老人》等。

背景介绍

中华成语以四字居多，也有少数三个字或五字及以上的，如“莫须有”“化干戈为玉帛”“成也萧何，败也萧何”等。这都是与汉语本身句法结构和古汉语以单音词为主的语言习惯有重要的关系。成语大多是从古代的寓言故事、历史故事、诗歌和俗语中产生的，有着深厚的历史背景和丰富的文化内涵，比如“破釜沉舟”出自《史记·项羽本纪》、“庖丁解牛”出自《庄子·养生主》等。成语在语言的表达中有生动简洁、形象鲜明的作用，它本身就有不少的比喻和对比以及加重的措辞手法的妙用，因此也赋予了成语本身在不同语境下不一样的意思和用法。正确学会和应用成语，以及懂得一些成语背后的来源故事，是我们更好地学习语文的必修课。

内容概括

《中华成语千句文》由二十一世纪出版社出版，全文一共有 36 章，近一万余字，使用了 2500 多个词条，全篇以中华语言瑰宝——成语为载体，历史为经，文化为纬，诉说了从盘古开天至晚清悲欢的中华文明史，并由大及小地展示了中国源远流长的五千年文化最富魅力的各个方面。

历史是一个国家的轴，是一个国家的灵魂所在，《中华成语千句文》以这种独特的方式为我们讲述了一个个耳熟能详的历史故事。它的内容涉及中国古代神话传说（民族神话、人猿揖别、人文初祖等篇）、朝代更迭（秦皇汉武、三国演义、明朝兴衰等篇）、政治军事（大唐雄风、半壁江山、多事之秋等篇）、科学技术（科技之光篇）、宗教艺术（礼仪之邦、西学东渐等篇）、山川风物（江山如画篇）、百业众艺（戏曲小说、建筑园林等篇）、修身养性（乐山乐水篇）等，十分丰富。读《中华成语千句文》，到处可见一些中国最具代表性的标志符号，诗经、楚辞、琴棋书画、戏曲、中国功夫……每每读到这些，都会油然生出一种久违的感动，正如文章所说：“中华文化，生生不息。博大精深，璀璨瑰丽。华夏为号，炎黄为旗。龙凤为图，汉字为记。典章文物，经史子集。文化积淀，书不尽意。厚德载物，通天彻地。薪火相传，百世一系。”

就整体而言，文章工整押韵，读起来朗朗上口，又蕴有一种古诗词美的情趣。既可以让我们了解到悠久灿烂的中国历史文化，也可以学得一些为人和立身处世的道理，意义深刻。读《中华成语千句文》，让我们在古文的书香里静静畅游，领略到读书的美妙以及懂得一些修身养性的方法，也希望新世纪的我们能够实现作者在文章里说的：莘莘学子，祖国栋梁。科教兴国，奋发图强。民族团结，繁荣富强。国家统一，人心所向。曾经沧海，多难兴邦。振兴中华，再创辉煌。

知识拓展

1. 说出你知道的中华成语里有关的历史故事。

2. 试着熟读和背诵《中华成语千句文》。

3. 你知道成语接龙的游戏吗？和你身边的好朋友一起玩玩吧！

4. 中华成语里有好多描写人的表情的成语，你能说出多少？请了解正确使用它们的语境。

5. 2014 年是马年，你知道有多少有“马”字的成语呢？

进一步阅读书目

郭庆华等译. 中华传世经典文库：论语. 北京：北京燕山出版社，2010.

王应麟. 三字经. 北京：商务印书馆，2012.

《礼品装家庭必读书》编委会. 中华成语大全. 沈阳：辽海出版社，2012.

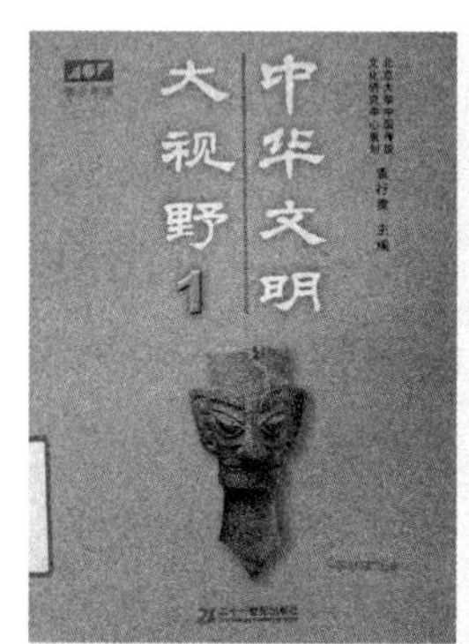

中华文明大视野

作者简介

袁行霈，江苏省武进县人。现任北京大学中文系教授、博士生导师、人文学部主任、国学研究院院长，中央文史研究馆副馆长，全国人大常委、内务司法委员会委员，民盟中央副主席，国务院学位委员会委员。

背景介绍

《中华文明大视野》由北京大学国学研究院牵头，众多北大学者参与了本书的创作。作者们不厌其烦，精心推敲文字，几乎每篇文章都是数易其稿，做到精心构思，深入浅出。

本书改写自北京大学和中央电视台联合制作的150集电视系列片《中华文明之光》，其浩大的制作规模和深厚的文化积淀在当时播出时引起强烈震撼。为了尝试将电视资源转化为出版资源，二十一世纪出版社与北大国学中心组成编委会，五年磨一剑，将其改写打磨成一套适合青少年阅读的中华传统文明范本。

《中华文明大视野》以中华文明发展的历史脉络为序，借用“全景扫描”“焦点透视”“多维切换”“画外音”等电视语言谋篇布局，上自远古传说，下至“五四”运动；内容涉及哲学、宗教、文学、语言、艺术、历史、考古、地理、科技、民俗、中外文化交流等诸多方面，大凡中华文明、中华文化的精华，尽在《中华文明大视野》洋洋八册之中。精心的策划、精致的设计、精美的印制，加上行云流水般的文字、目不暇接的图片，打造了这套精品图书。它奉献给读者的，是中华文明的精髓，是赏心悦目的快感，是图文并茂的整体美。

内容概括

在亚洲的东部，有一片960万平方公里的广袤土地，这就是我们中华民族的家！白雪皑皑的喜马拉雅山，大气磅礴的昆仑山，高耸入云的祁连山，雪峰与深谷交错的横断山脉，它们环绕的这片高原，就是被称为世界屋脊的青藏高原。从青藏高原到太平洋的巨大跨度上，分布着大大小小几千条江河，大致走向是自西向东，奔流入海。长江、黄河宛如两条主动脉流贯中华大地。

全书以此开篇，展示了中国在地理上的浩瀚与恢宏，然而更加伟大的是中国博大精深的文化，它是世界上唯一不间断发展了5000年，而且仍在发展的文明。本书分为八册，以大视野大方面大胸怀的叙述方式展示了多姿多彩的中华文化，跨越了时间的限制，上至炎帝黄帝，下至“五四”运动，介绍了孔、孟、老、庄的哲思，秦皇汉武、唐宗宋祖的雄韬伟略，讲述了华佗、司马迁、张衡、蒲松龄、秋瑾等在历史上有着重大影响的人物故事。从汉族文化瑰宝《周易》《诗经》，到藏族史诗《格萨尔》、佛教经典《大藏经》；从汉代的百戏、杂耍，到唐代的乐舞、傀儡，到明清的昆曲、京剧；从唐诗、宋词，到宋话本、元平话，到明清小说；从生肖属相，到清明寒食，到节庆民俗，虽不能涵盖，却也重点突出，点滴记述了历史长河中中国文化的精髓。

本书可谓集百家之才，每篇文章都是由该专业卓有建树的学者所写，一字一句都饱含了他们对中国文化的研究和理解，例如关于庄子一篇，作者阐述了庄子的逍遥之境，即要做到保持生命本性，不要盲目效仿他人，淡泊名利等，其实这些在我们现今的生活中也有很大的借鉴意义。不只是庄子，其实中国文化对于指导我们的人生是有很大的帮助的，这也正是这本书所希望达到的价值。

从本书中不难看出，作者们想要传达的是一种博大的思想，首先中华文化是博大的，造就了中华文化研究者们的大胸怀，因此他们教育人们要拥有博大的胸怀，正是这种以人为本、平和宽厚、海纳百川的胸怀，集成了美妙的中华文化，影响了一代又一代的中国人，也缔造了那么多伟大的人物事迹。薪火相传，新时代的我们，也因此更应该学好中华文化，接过历史的火炬，创造更加精彩的历史新篇章！

知识扩展

本书在编排体例上大胆借鉴电视的表现手法，从不同角度进行剪辑、组合，将枯燥的历史资料分解为一个个生动、形象、图文并茂的历史场景。

《中华文明大视野》获第 6 届国家图书奖，成为全国获此殊荣的两种少儿图书中的一种。

“中华文明这个范围太大了，它是一个撷粹，把里面最精华的东西写出来，这八本书把中华文明里比较有代表性的东西撷取出来，把博大精深的东西弄成一个通俗的东西，这也是非常有价值的。”

——新闻出版总署图书司司长阎晓宏

进一步阅读书目

《图说天下·珍藏版》编委会. 上下五千年. 长春：吉林出版集团有限责任公司，2008.

司马迁. 史记故事. 长春：北方妇女儿童出版社，2010.

马晓萍. 中国历史故事. 天津：新蕾出版社，2010.

世博的故事

背景介绍

世界博览会又称国际博览会，简称世博会。它分为两种形式，一种是综合性世博会，另一种是专业性世博会。世博会是一项由主办国政府组织或政府委托有关部门举办的有较大影响和悠久历史的国际性博览活动。参展者向世界各国展示当代的文化、科技和产业上正面影响各种生活范畴的成果。

世博会的起源是中世纪欧洲商人定期的市集，市集起初只涉及经济贸易。到19世纪，商界在欧洲的地位提升，市集的规模渐渐扩大，商品交易的种类和参与的人员愈来愈多，影响范围愈来愈大，从经济到生活艺术到生活理想哲学……到19世纪20年代，这种具规模的大型市集便成为博览会。

世界博览会是一个富有特色的讲坛，它鼓励人类发挥创造性和主动参与性，把科学性和情感结合起来，把有助于人类发展的新概念、新观念、新技术展现在世人面前。世博会的特点是举办时间长、展出规模大、参展国家多、影响深远。因此，世博会被誉为世界经济、科技、文化的“奥林匹克”盛会。

内容概括

上海世博会的成功举办，离不开许多一线基层同志的无私奉献，他们在服务世博、奉献世博的实践中，涌现了许多感人至深的故事。

为传承和发扬世博精神，上海市委宣传部组织上海主要媒体、世纪出版集团上海人民出版社，与上海世博局一道选编了 67 篇上海媒体发表的反映上海世博会“最平凡的人”的“最感人的故事”，出版了这本书。

本书内容翔实、细节生动、出版及时，收录了一个个参与世博、服务世博、奉献世博、共享世博的真实故事，故事主人公包括世博展馆设计者、建设者，园区工作人员，志愿者等为世博做出贡献的普通人，让读者感受到平凡中的伟大，是宣传世博精神的成功尝试。

知识拓展

最早的现代博览会是由英国举办的。1851 年万国工业博览会成为全世界第一场世界博览会，在英国首都伦敦的海德公园举行，展期是 1851 年 5 月 1 日至 10 月 11 日，主要内容是世界文化与工业科技，其定名中的“Great”在英文有伟大的、很棒的、壮观的意思。

二战后，世界人民在满目疮痍的废墟上重建家园，并在恢复生产、复苏经济的基础上，于 1958 年在比利时首都布鲁塞尔举行战后第一个世界博览会，主题是“科学、文明和人性”。为了体现“科学”这个主题思想，布鲁塞尔世博会建造了一座原子能结构的球型展馆，象征着人类进入了科技进步的新世纪，它独特新颖的造型，虽然时隔半个多世纪之久，但仍然历历在目。博览会的辉煌和丰富，几乎使以往的所有世博会都黯然失色。

1962年美国西雅图举办了一次规模不大的专业性博览会——“太空时代的人类”。博览会展出全新的先进科技，自动售货机和单钢轨铁路，获得了巨大的成功。

1964年为了纪念纽约建城300周年，纽约又一次举办了世界博览会，虽然主题“通过理解走向和平”格调高雅，然而这次世博会浓重的商业气氛，使观众驻足不前，失去了纪念活动的意义。

1970年日本大阪首次举办了世界博览会，日本人称之为万国博览会，体现“人类的进步与和谐”，向观众展示了继东京奥运会之后，日本在各方面的发展和成就。得益于这次博览会，日本在以后10年的经济发展中，一直保持强劲的势头。

1985年日本再次举办世界博览会，会址是在新城筑波市，一座距东京50多公里的全新科学文化城。博览会的主题是：“居住与环境：人类的家居科技”。

1988年是英国人在澳大利亚建立居住点200周年，为铭记这一日子，澳大利亚在东部黄金海岸城市布里斯班举办了世界博览会。这次博览会的主题是“科技时代的休闲生活”，体现了人类在当今科学技术极其发达的时代中的休闲和娱乐。各国都围绕这个主题大做文章，以体育、文娱、旅游、休闲、烹调、园艺等各种内容来体现人类生活的丰富多彩。

1990年日本大阪举办了AI类专业性的国际花绿博览会，主题是“人类与自然”。展出以世界园艺为内容，作为庆祝大阪“新的开端”100周年的纪念活动。这次展览会共有82个国家参加，55个国际组织与日本各省市和大企业都单独设置了展馆或展台。首次在亚洲实现了大型国际园艺博览会，取得了巨大的成功。

1992 年是哥伦布发现美洲 500 周年，为此，西班牙政府在塞维利亚举办了世博会，把博览会的主题命名为“发现的时代”。世博会占地面积 478 万平方米，有 100 多个国家参加。观众达 6000 多万人次，中国馆展出四大发明及长征系列火箭等，被评为“五星级展馆”。

1993 年韩国大田博览会，这是世界上第一次由发展中国家举办的世界博览会(认可类)。主题为:“新的起飞之路”。中国馆展示了航天科技，三峡工程等，共接待观众 350 万人次，为各展馆之最，被评为五大最佳展馆之一。

1998 年葡萄牙里斯本举办了世界博览会。1998 年是联合国批准的国际海洋年，博览会的主题为“海洋——未来的财富”。

1999 年在中国昆明举办的世界园艺博览会以“人与自然——迈向 21 世纪”为主题。整个世博园区结合世博会主题和园艺博览会特点，以中国古典园林艺术设计布局，自然、弯曲的路径体现了追随自然、顺应自然的设计理念。昆明世博会场馆建设总体规划主要包括中国馆、人与自然馆、大温室、科技馆和国际馆五大室内展馆；竹园、蔬菜瓜果园、药草园、盆景园和树木园六个专题展园及国内、国际、企业三大室外展区。

2000 年德国汉诺威世博会的主题是“人类、自然、科技”，参展国家和组织共计 172 个，为历届世博会参展国家、地区和组织最多的一届。

2005 年日本爱知世博会的主题是“自然的睿智”，是最近的一次注册类世博会，中国馆接待观众 570 万人次，为接待观众最多的展馆。

水塔是 2008 年西班牙萨拉戈萨世博会的标志性建筑，也是萨拉戈萨城市最高的建筑。水塔是世博园中三大主题展馆之一，展览

“水——生命之源”主题的场所，因此也称水塔馆。

2010年中国上海世界博览会，是第41届世界博览会，于2010年5月1日至10月31日在中国上海市举行。此次世博会也是中国举办的首届世界博览会。上海世博会以“城市，让生活更美好”为主题，总投资达450亿元，创造了世界博览会史上最大规模纪录；同时7308万的参观人数也创下了历届世博之最。

进一步阅读书目

《上海世博》杂志编辑部. 走进世博会——世博知识150问. 上海：东方出版中心，2008.

吴建中. 世博文化解读. 上海：上海大学出版社，2009.

陈燮君，刘健. 世博与艺术. 上海：东方出版中心，2009.

鼎立南极：昆仑站建站纪实

作者简介

张锐锋，一级作家，中国作家协会全国委员会委员。中国新散文运动开创者和发起人之一，现任山西省作家协会副主席、西文学院院长、山西大学兼职教授。获全国多项文学奖。已出版的主要著作：《幽火》《别人的宫殿》《沙上的神谕》《被炉火照彻》《皱纹》《蝴蝶的翅膀》《世界的形象》《祖先的深度》《月光——重释童年》《河流》《月亮》。

背景介绍

中国南极科考站目前共有四个，分别是中国南极长城站、中国南极中山站、中国南极昆仑站和新建的中国南极泰山站。其中长城站和中山站建于昆仑站之前。

长城站建成于1985年2月20日，长城站所在的乔治王岛，是南设得兰群岛中最大的一个岛屿。北面邻德雷克海峡，与南美洲的合恩角相距960公里；南面隔着布兰斯菲尔德海峡与南极半岛相望，距离约130公里。在该岛上，除长城站外，还有其他国家设立的7个考察站。长城站占地面积约2.5平方公里。站区系火山岩组成的丘陵地形，呈台阶型，西高东低，平均海拔高度10米。地表由卵砾石和砂石组成，平均1.2米以下为永久冻土层。暴风雪频繁是长城站的最大特点，每年大风（17米/秒）日数在60天以上，最大风速可达40.3米/秒。长城站现有大型永久建筑10座，包括生活栋、科研栋、气象栋、文体栋、发电栋、综合库、食品库等。夏季可容纳60人左右考察，冬季可供20人左右越冬考察。

中山站建立于1989年2月26日，位于东南极大陆的拉斯曼丘陵上，以中国民主革命的伟大先驱者孙中山先生的名字命名。中山站所在的拉斯曼丘陵，地处南极圈之内，位于普里兹湾东南沿岸，西南距艾默里冰架和查尔斯王子山脉几百公里，是进行南极海洋和大陆科学考察的理想区域。离中山站不远处有澳大利亚的劳基地和俄罗斯的进步站。中山站位于南极大陆沿海，气象要素的变化与长城站差别较大，比长城站寒冷干燥，更具备南极极地气候特点。中山站有极昼和极夜现象，连续白昼时间54天，连续黑夜时间58天。中山站建站20多年来，经过多次扩建，现也初具规模，有各种建筑15座，建筑面积5 800平方米，其中包括办公栋、宿舍栋、气象栋、科研栋和文体娱乐栋，以及发电栋、车库等。中山站设有实验室，配备有相应的分析仪器设备，可供科学考察人员对现场资料和样品进行初步分析研究。站上的气象观测场、固体潮观测室、地震地磁绝对值观测室、高空大气物理观测室等均配备有相应的科学观测设备和仪器。中国南极考察队员在中山站全年进行的常规观测项目有气象、电离层、高层大气物理、地磁和地震等。

内容概括

2009 年 1 月 27 日，中国南极昆仑站建成。昆仑站是我国第一个南极内陆科学考察站，也是迄今为止唯一建在南极大陆海拔最高处的考察站。昆仑站标志着我国已成功跻身国际极地考察的“第一方阵”。张锐锋编著的《鼎立南极最高点：昆仑站建站纪实》记述了中国南极科考历程及其卓越成就，是首次全面反映昆仑站建设始末的纪实文学。

受国家海洋局、中国极地中心、中国作协、《十月》杂志社委托，作者深入采访南极科考参与者、收集大量一手珍贵资料，历时一年多完成写作。作者在亲自采访中国南极科学考察人员后，以翔实的历史资料、严谨而又生动的笔触对南极内陆考察的重大成就——格罗夫山地考察、登顶南极冰盖最高点冰穹以及在冰穹建立昆仑科考站，进行了客观的全景式记录并深入解析。《鼎立南极：昆仑站建站纪实》涵盖了从高层决策到具体实施，以及一些做出突出贡献的科学家的探索历程，也对南极的地质情况以及南极科学考察的相关知识和历史作了介绍，兼具科普价值和文学价值。此外，本书还重点挖掘表现了在上述过程中中国科技工作者展现的尊重科学、不屈不挠的科学精神和内心世界。

知识拓展

在格罗夫山，你向任何一个方向跨出一步，都可能是人类的第一步，但也可能是自己的最后一步。

——南极科考队员

这是我所见到的最好的描写南极科考工作的纪实文学作品，可谓一部兼有科普价值、文学意义和思想品质的纪实作品。

——杨惠根，中国极地研究中心主任，高空大气物理学家

这样的关于中国南极考察的纪实文学，对于外界了解中国南极考察行动以及它的重要性，具有重大意义。

——董兆乾，前中国极地研究所所长，海洋物理学家

进一步阅读书目

刘先平. 美丽的西沙群岛. 济南：明天出版社，2012.

张文敬. 南极科考纪行. 成都：巴蜀书社，2008.

马夫. 南极科考：中国首次赴南极进行科学考察. 长春：吉林出版集团有限责任公司，2010.

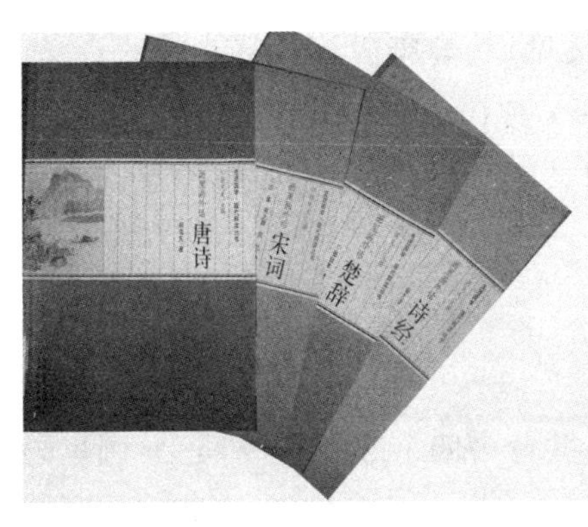

走进国学·现代释读丛书

作者简介

胡克夫，河北省炎黄文化研究会专职副会长兼秘书长，《燕赵文化》丛书编辑部主任，河北省茶文化学会副会长，中华人民共和国国史学会理事，中华炎黄文化研究会理事，河北省文史资料研究会理事。主要研究近、当代史和中国古代传统文化、燕赵文化。

背景介绍

2013年，为了深入贯彻落实党的十八大精神，在青少年中大力弘扬民族精神和时代精神，激励广大青年为实现中华民族伟大复兴中国梦而努力奋斗，中央宣传部、教育部、共青团中央下发通知，决定向全国青少年推荐汇集新中国成立以来各地出版、播映的优秀作品，涵盖面广和知识性、思想性、艺术性强的百种优秀图书、百部优秀作品，此活动引起了人们的广泛关注。被选出的优秀图书和作品对于青少年践行社会、陶冶情操、增长见识、健康成长具有非凡的意义。其中，由胡克夫主编的《走进国学·现代释读丛书》入选向全国青少年推荐的百种优秀图书知识类目录。

内容概括

《走进国学·现代释读丛书》共分为四个部分，分别是：《画里画外话诗经》（安之卿著）、《画里画外话楚辞》（张锁军著）、《画里画外话唐诗》（胡克夫著）和《画里画外话宋词》（沙金、安之卿、昆兰著）。本系列丛书是对精选的《诗经》《楚辞》《唐诗》《宋词》的经典名篇进行现代化解读，挖掘蕴藏在古典文化中最纯真、最原始的情感，引起读者心灵的震撼和与之情感上的共鸣。它的主题是以解读社会的真实情感为主，对于现代社会人的情感缺失给予诗化的真善美的疏导，每一篇或以情取胜，或以情说理，或以情见长，在总体上凸显大善大美，在思想性上以小见大，以小见真，弘扬中华文化传统美德，回归情感上的真善美。它的独特解读让我们能够更加深刻地体会到古人的内心情怀，为我们的心灵寻找到一片新的栖息地。总之，《走进中国·现代释读丛书》对全国青少年心灵和思想的塑造有着很大的影响力。

学习国学的意义在于继承与弘扬。俗话说，中华文明五千年，这五千年并不是随便哪个国家都能承受得起的。古人积累给后人的智慧、思想和经验是一笔巨大而宝贵的财富，我们丢不得，也丢不起。这需要我们这个新时代的每一个人去努力继承和弘扬。那些掉落在“长河”里的光芒，需要我们一点点地捡起，让岁月的锋刀慢慢去雕刻。

知识拓展

1. 你了解多少有关中国文学的历史与发展过程?

2. 中国文学博大精深、源远流长，诗经、楚辞、唐诗、宋词、元曲、书法……你最喜欢哪一种呢?

3. 你认为中国文学对于这个现代化如此迅速发展的社会意义何在?

4. 屈原的故事。

5. 你了解“唐宋八大家”吗?

6. 领略诗经里描绘的淳朴人民的生活。

进一步阅读书目

于丹. 于丹〈论语〉心得. 北京：中华书局，2006.

易中天. 易中天品三国. 上海：上海文艺出版社，2006.

孔子的故事

作者简介

李长之(1910—1978),原名李长治、李长植,笔名何逢、方棱、棱振、张芝、梁直。著名作家、文学评论家、文学史家。重要著作有《道教徒的诗人李白及其痛苦》《司马迁之人格与风格》《迎中国的文艺复兴》《苦雾集》《梦雨集》等。新中国成立后任北京师范大学教授,著有《陶渊明传论》《中国文学史略稿》《李白》等。

背景介绍

孔子是我国的大思想家、大教育家,一个积极参与社会活动的正直的社会活动家。他所代表的儒家文化不仅影响了我国历代王朝的执政方针与教育方向,而且在当今这个多元化的社会仍有不可忽视的作用。学习孔子,体会儒家文化的深刻内涵,会对我们未来的学习、处事等有巨大的作用。

孔子是儒家的创始人，他有一套虽不周密却相当完整的思想体系和政治见解。孔子思想中最光辉的一点，是提倡“仁”，仁就是“爱人”。这反映了当时社会的现实，反映了由于奴隶制的渐趋瓦解而产生的当时庶人（广大人民）的抬头。孔子首先把文化知识普及到人民中间去，就是这种现实以及反映这种现实的人道精神的具体表现。

内容概括

本书记载了春秋末期儒学学派的“圣人”——孔子的出世、讲学、周游列国、删诗定礼著《春秋》，以及宣扬“仁政”“德政”的故事，是了解中国传统文化、解读孔子“吾十有五而志于学，三十而立，四十而不惑，五十而知天命，六十而耳顺，七十而从心所欲，不逾矩”人生轨迹的一本史料翔实的人物故事书。

全书分为四部分，包括孔子一生的四个重要方面：

1. “三人行，必有我师焉。”——青少年时期的孔子（公元前 551 年—前 517 年，孔子出生至 35 岁）

2. “道不同，不相与谋。”——孔子从政的故事（公元前 517 年—前 497 年，孔子 35 岁至 55 岁）

3. “道不行，乘桴浮于海。”——孔子周游列国的故事（公元前 496 年—前 484 年，孔子 56 岁至 68 岁）

4. “不患人之不己知，患不知人也。”——孔子施教的故事（公元前 522 年，孔子 30 岁开始收徒讲学，终其一生）

孔子是中国第一位真正的学者，教育家。他第一次系统地整理了周朝以来朝廷与民间的礼制文化精华，是中国历史开拓性的人物。他第一次把教师作为一个伟大的职业区分于“神职”或者“官职”，这一点西方的耶稣等人皆没有做到，因为他们不是学者，而是神职或者官职。他同时也是第一次把“正直”与“仁爱”这些文明社会构成的基础思想予以系统化的人。

孔子年幼时极为聪明好学，被当时人称赞为“博学好礼”。同时，鲜为人知的是孔子继承了父亲叔梁纥的英勇，升高九尺六寸（今1.9米以上），臂力过人，远非后世某些人认为的文弱书生的形象。并且，孔子酒量超凡，但孔子从不以武勇和酒量为豪。孔子青年时代曾做过“委吏”（管理仓库的小官）、“乘田”（管理牧场的小官），事无大小，均能做到近乎完美。由于孔子超凡的能力和学识，很快他不断得到提拔。到孔子51岁的时候，被任命为中都宰（相当于现在的市长），政绩显著；一年后升任司空（相当于现在的建设部长），后又升任大司寇（相当于今天的公安部长兼检察院长和最高人民法院院长）；56岁时，又升任代理宰相，兼管外交事务（由于孔子升迁过快，不符合当时官员晋升标准，因此为代理宰相）。孔子执政仅三个月，就使鲁国内政外交等各个方面大有起色，国家实力大增，百姓安居乐业，各守礼法，社会秩序好到“路不拾遗，夜不闭户”，奸佞之人和刁民纷纷出逃；同时，孔子还通过外交手段，逼迫齐国将在战争中侵略鲁国的大片领地还给了鲁国。孔子杰出的执政能力让齐国倍感威胁，于是设置送鲁哀公美女良马，从而让鲁国国君沉溺于酒色这样卑鄙的计谋，以此挤走道德至圣的孔子。孔子离开鲁国后周游列国，虽然大多数时候都受到了国君的礼遇，但由于孔子坚持的政治理想与当时急功近利的“霸道”不相符合，历经十四载不得重用。于是孔子于公元前484年68岁时返回鲁国。由于种种原因，孔子在政治上没有过大的作为，但在治理鲁国的三个月中，足可见孔子无愧于杰出政治家的称号。

知识拓展

一、孔子故事一则：《草与秧苗》

孔子东游，见田里放着农具，却不见农夫，便拾起锄头，围着一颗秧苗，费力地锄了起来。不一会儿，农夫回来了，一见大怒，愤愤地说："你为什么锄我的秧苗？"孔子感到很奇怪，便指着秧苗说："你看，我锄的明明是草啊。"没想到农夫更加恼火地说："我种的就是喂马的草！"孔子不禁目瞪口呆。

二、孔子名言

1. 发愤忘食，乐以忘忧，不知老之将至云尔。

2. 饭疏食，饮水，曲肱而枕之，乐亦在其中矣。

3. 不义而富且贵，于我如浮云。

4. 贤哉，回也！一箪食，一瓢饮，在陋巷，人不堪其忧，回也不改其乐。贤哉，回也！

进一步阅读书目

孔健. 素王孔子. 北京：中央编译出版社，2009.

唐福玉. 孔子轶闻. 呼和浩特：远方出版社，2002.

汪林. 孔子弟子的故事. 济南：山东友谊出版社，1997.

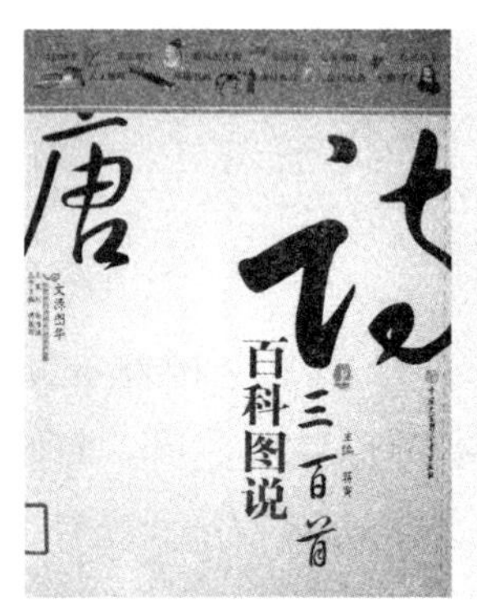

百科图说·唐诗三百首

作者简介

蒋寅，江苏南京人。现任中国社会科学院文学研究所古代文学研究室副主任、所学术委员会副主任、院高级职称评审委员、院青年人文社会科学研究中心顾问、研究生院博士生导师。中国古代文学理论学会副会长、国际东方诗话学会副会长、国家古籍保护工作专家委员会委员、唐代文学学会常务理事、《文学评论》编委、中国作家协会会员。2004 年入选“新世纪百千万人才工程国家级人选”。主编《中国诗学》论丛(人民文学出版社)。从事中国古代文学研究。发表学术论文 170 篇。

背景介绍

唐代(公元 618—907)是我国古典诗歌发展的全盛时期。唐诗是我国优秀的文学遗产之一，也是全世界文学宝库中的一颗灿烂的明珠。许多诗篇到现在还被我们广为传颂。

唐诗的形式多种多样。唐代的古体诗主要有五言和七言两种。近体诗也有两种，一种叫绝句，一种叫律诗。绝句和律诗又各有五言和七言之不同。所以唐诗的基本形式有这样六种：五言古体诗、七言古体诗、五言绝句、七言绝句、五言律诗、七言律诗。古体诗对音韵格律的要求比较宽：一首之中，句数可多可少，篇章可长可短，韵脚可以转换。近体诗对音韵格律的要求比较严：一首诗的句数有限定，即绝句四句，律诗八句，每句诗中用字的平仄声有一定的规律，韵脚不能转换；律诗还要求中间四句成为对仗。古体诗的风格是前代流传下来的，所以又叫古风。近体诗有严整的格律，所以有人又称它为格律诗。

唐诗的形式和风格是丰富多彩、推陈出新的。它不仅继承了汉魏民歌、乐府传统，并且大大发展了歌行体的样式；不仅继承了前代的五言、七言古诗，并且发展为叙事言情的鸿篇巨制；不仅扩展了五言、七言形式的运用，还创造了风格特别优美整齐的近体诗。近体诗是当时的新体诗，它的创造和成熟，是唐代诗歌发展史上的一件大事。它把我国古曲诗歌的音节和谐、文字精练的艺术特色，推进到前所未有的高度，为古代抒情诗找到一个最典型的形式，至今还特别为人民所喜闻乐见。但是近体诗中的律诗，由于它有严格的格律的限制，容易使诗的内容受到束缚，不能自由创造和发挥，这是它的长处带来的一个很大的缺陷。

内容概括

伟大的诗歌，经典的选本，百科式的解读，点击式的链接，彰显诗境的绘画，准确简练的文字，以及洋溢其中的发散的、跳跃的，率性的、随意的，甚至是反逻辑的思维火花，让传统的“唐诗三百首”超越时空成为具有现代气息的立体画卷。

首先，全书注释力求浅显，评析要言不烦，而又尽可能地吸收新的研究成果，对文字和标题作必要的校勘，补充写作背景、写作年代和作家生平事迹，为读者提供了最新的、丰富的知识。

其次，发散思维，拓宽视野，设立“数风流人物”“源远流长”“史海钩沉”“品诗必备”“唐诗典故”“鸟兽草木”“天文地理”“琴棋书画”“异曲同工”“万花筒”等百科栏目，引导读者的思维从作品涉及的语词、名物向广袤的知识空间辐射开去，在获得审美愉悦的同时，兼得孔子所谓“多识于鸟兽草木之名”的乐趣。

再次，精选各种自然、人文、地理图片，以及中国历代山水、人物、花鸟绘画作品，使全书图文并茂，相映成趣。其中古典绘画均有包括图题、时代、作者、材质、笔法、尺寸、藏家等内容的图注，参之“琴棋书画”差不多就可以勾勒出中国古代美术史的轮廓。

最后，不但全书所有诗作都提取了主题词和关键词，并编成索引附于书后，而且在每首诗中都以网络式的链接方法标注参见，令这部书具有了小型百科全书的功能。

知识拓展

诗人称号

诗骨——陈子昂：其诗词意激昂，风格高峻，大有“汉魏风骨”。

诗杰——王勃：其诗流利婉畅，宏放浑厚，独具一格，人称“诗杰”。

诗狂——贺知章：秉性放达，自号“四明狂客”，其诗豪放旷达。

诗家天子（另一种说法：诗家夫子）——王昌龄：其七绝写得“深情幽怨，音旨微茫”，因而举为“诗家天子”。

诗仙——李白：其诗想象丰富奇特，风格雄浑奔放，色彩绚丽，语言清新自然，被誉为“诗仙”。

诗圣——杜甫：其诗紧密结合时事，思想深厚，境界广阔，人称“诗圣”。

诗囚——孟郊：作诗苦心孤诣，惨淡经营，元好问曾称之为“诗囚”。

诗奴——贾岛：一生以作诗为命，好刻意苦吟，人称其为“诗奴”。

诗豪——刘禹锡：其诗沉稳凝重，格调自然，格律粗切，白居易赠他“诗豪”的美誉。

诗佛——王维：不少诗歌中有浓厚佛教禅宗意味，以禅入诗。

诗魔——白居易：其作诗非常刻苦，“酒狂又引诗魔发，日午悲吟到日西”，人称“诗魔”。

五言长城——刘长卿：擅长五言诗，他的五言诗作是全部诗作的十分之七八，人称其为“五言长城”。

诗鬼——李贺：其诗善于熔铸词采，驰骋想象，运用神话传说创造出璀璨多彩的形象，故称其为“诗鬼”。

诗雄——岑参

七律圣手——李商隐

诗神——苏轼（宋）

进一步阅读书目

曾立国等编绘. 古诗三百首. 南京：江苏少年儿童出版社，2010.

李剑亮译注. 世界少年文学经典文库：宋词精选. 杭州：浙江少年儿童出版社，2011.

郭漫选编. 唐诗宋词三百首. 北京：航空工业出版社，2010.

十万个为什么

作者简介

卢嘉锡(1915—2001),中国化学家,在福建省厦门市出生长大的台湾台南人,祖籍福建省永定县。1973 年,在国际上率先提出固氮酶活性中心网兜模型,之后又提出过渡金属原子簇化合物“自兜”合成中的“元件组装”设想等问题,在化学模拟生物固氮等领域的研究中做出了贡献。1987 年卸任中国科学院院长,担任中国科学院特邀顾问、主席团名誉主席等职;同年,获伦敦城市大学名誉科学博士学位,获比利时皇家科学院外籍院士称号。1999 年,获何梁何利科学成就奖。2001 年 6 月 4 日病逝。

背景介绍

1956 年,中央发出“向科学进军”的号召以后,作为当时仅有的两家专业少儿出版社之一的少年儿童出版社,编辑们很受鼓舞,一心想为孩子们出一些科普好书，打破当时科普读物非薄即少的现状；然而1958年，他们和全国人民一样经历了一场令人难忘的“大跃进”，由于各方面都不成功，编辑们也从只讲速度、不讲质量的图书生产上停下来，思考只有注重质量才是唯一的正道。

1959年，他们就着手准备为高小、初中学生编一套自然科学“百科”式的回答各种问题的书，经过一段时间的组稿实践，才逐步确立了突破教科书和课堂教学框框的编辑思路，为今后“十万”的编辑工作定了调，《十万个为什么》成为中国科普图书中最响亮的品牌之一。

1970年6月起，编辑们对以前所出十四册再一次进行了修订，并增编了第十五至二十三册。

1995年，中央确立了科教兴国为基本国策。编辑们意识到全国上下这样的氛围，为全面更新老版本《十万个为什么》提供了很好的契机，他们从1995年就开始了准备工作，并直接将目标朝向“新世纪”。

正如教育部部长陈至立在给新世纪版的贺信中指出的那样：“人们比过去任何时候都更加清醒地意识到，未来世界的竞争，是高科技的竞争，而中华民族要振兴，必须依靠科学技术。”这个时候的人们比任何时候都明白科学对于自己的未来意味着什么。

从“向科学进军”到“科教兴国”，虽然时代背景不同了，但是紧扣时代发展的脉搏，洞悉读者对科学教育的需求变化，却成为少儿社的编辑们赋予《十万个为什么》不变的使命。

内容概括

《十万个为什么》（新世纪版）共分为12册，分别为《数学分册》《物理分册》《化学分册》《动物分册》《植物分类》《人体科学分册》《地球科学分册》《宇宙科学分册》《环境科学分册》《信息科学分册》《工程科学分册》和《索引资料分册》。这套书选题广泛、知识新颖、贴近生活，既注重介绍基础科学知识，又注重反映最新的科技发展成果和应用。全书文字表述力求通俗浅显、生动活泼，插图力求造型准确、细腻逼真。

这是一部妙趣横生的知识问题书籍。它包罗万象、融合古今，涵盖了宇宙、地球、自然、社会、科学、历史、人类、艺术等方面最令儿童感到好奇的问题，全面展示了一个绚丽多姿的知识世界，让孩子们轻松愉快地在求知之路上快乐前行。

本书不仅能够巩固儿童课堂上所学到的知识，而且使儿童每天在课余之时都能了解变幻莫测的宇宙故事、丰富多彩的地球奥秘、复杂神奇的人体结构、千姿百态的植物王国、妙趣横生的动物世界、日常生活的科学道理和五光十色的人类社会；还能让孩子们知道，为什么太阳会发光，为什么雨后会出现彩虹、为什么火山会喷发、为什么计算机也会“生病”……进而启发儿童积极思考，大胆想象，充分发挥自己的智慧和创造力，去更进一步探索大自然的奥秘，从而充实自己，造福人类。

质疑和思考是科学发展的动力，然而喜欢问为什么正是孩子的天性，这样一套书籍，科学严谨而通俗易懂地回答了孩子们的问题，并能启发他们去思考，实在是功在当代，利在千秋。

知识扩展

1998 年，《十万个为什么》荣获了“国家科技进步二等奖”的殊荣。

新中国成立 50 周年前夕，这套书被千千万万的读者推选出来，成为“感动共和国的50本书”中的一种。

2008年，《十万个为什么》(新世纪版)被授予首届“中国出版政府奖”图书奖。

进一步阅读书目

(美) 格雷著，张子张译. 疯狂科学. 北京：人民邮电出版社，2011.

鲁中石主编. 越问越聪明大全集. 北京：中国华侨出版社，2011.

(法) 法布尔著，王光译. 昆虫记. 北京：作家出版社，2004.

中国历史上的科学发明

作者简介

钱伟长(1912—2010),江苏无锡人,中国近代力学之父,世界著名的科学家、教育家,杰出的社会活动家,中国民主同盟的卓越领导人,中国共产党的亲密朋友,中国人民政治协商会议第六届、七届、八届、九届全国委员会副主席,中国民主同盟第五届、六届、七届中央委员会副主席,第七届、八届、九届名誉主席,中国科学院资深院士、上海大学校长,南京大学、暨南大学、南京航空航天大学、江南大学名誉校长,扬州大学名誉董事长、耀华中学名誉校长。兼长应用数学、物理学、中文信息学,著述甚丰,特别在弹性力学、变分原理、摄动方法等领域有重要成就。

背景介绍

整个人类发展史,实质上正是一部光辉的发明创造史。

人类的衣、食、住、行、生产、工作以及相应的精神活动的方方面面，从纵向历史发展来看，无一不与发明创造有关。甚至可以说，没有发明创造，就没有人类的文明和高科技时代。发明创造品格，作为人类本质性标志、进步发展的重要手段和途径，是很了不起的，曾在人类文明史中起到并将继续起到巨大作用。正确认识这些作用，将极大地推动我们具体的发明创造活动。

本书由钱伟长院士于1986年亲手创立的上海大学出版社出版，并根据书中内容增加了上百幅精美插图，更加满足广大青少年读者阅读、收藏的需要，使青少年切实理解到科学发明是社会进步的根本动力，从而更能激起青少年对科学的向往，投身到社会主义科学建设中去。

内容概括

本书深入浅出，语言精练，近十万言就把曾对中国历史发展产生过重要影响的数百项科学进步和发明项目娓娓道来。在书中，作者还把自己对科学发明的深切体会，融入到书的写作之中，更增加了书的可读性。该书是一本优秀的“中国科学发明历史读本”，具有较高的科普价值。

全书内容涉及农业、水利、数学、天文历法、指南针、指南车、造纸、印刷术、火药、机械、建筑等多个方面。

农业方面记录了北魏贾思勰所著《齐民要术》；北宋沈括所著《梦溪笔谈》；明末徐光启所著《农政全书》；明末清初的科学家宋应星所著《天工开物》等。

水利方面记录了春秋末年吴王夫差为与中原诸侯争霸，开通了著名的邗沟；沟通黄河和淮河的鸿沟；沟通长江支流湘江与珠江水系漓江的灵渠；渭水之南修建的一条西自长安东至潼关的长达300多里的漕渠等。

数学方面记录了西周时商高讲过的载于《周髀算经》的“勾三股四弦五”这一勾股定理特例、春秋时的九九乘法表、西汉时刘歆推算圆周率为3.154 7、东汉时的当时世界上最先进的应用数学专著《九章算术》、三国刘徽运用极限理论提出计算圆周率的正确方法，以及南朝时祖冲之精确地算出圆周率是在3.141 592 6—3.141 592 7，他还为《九章算术》作注，又著《缀术》等书；唐朝著名数学家王孝通撰写的《缉古算经》，首次提出三次方程式正根的解法，能解决工程建设中上下宽狭不一的计算问题；明代数学家程大位编著《算法统宗》，奠定了后世珠算法基础；清代蒙古族数学家明安图推出“割圆九术”，将其研究成果整理成《割圆密率捷法》，他用解析几何方法把三角函数和圆周率的研究提高到一个新的水平……

天文历法方面记录了夏朝的历法“夏小正”，载有一年中各个月份的物候、天象、气象和农事情况；干支纪日法是商朝历法的最大成就，它是世界上延续时间最长的纪日方法；春秋时期留下世界公认的关于哈雷彗星的最早记录；战国时期的《甘石星经》是世界最早的天文学著作；人们还测定了一年的季节；在西汉，武帝时制定“太初历”；东汉时期的张衡发明了浑天仪和地动仪；隋朝天文学家刘焯编制的《皇极历》，创立了计算日月运行的新方法；唐朝时期的天文学家僧一行，在《皇极历》的基础上制定的《大衍历》，比较准确地反映了太阳运行的规律，系统周密，表明中国古代历法体系的成熟，一行还是世界上用科学方法实测地球子午线长度的创始人；元初设立太史局编制新历法，郭守敬改进了简仪和圭表，主持全国范围的天文测量，编《授时历》年周期与现行公历同……

建筑方面记录了工匠鼻祖鲁班，宋代建筑师李诫在公元1103年出版的极具价值的著作《营造法式》，赵州桥的修建等。

知识拓展

事实上，人类的科学技术发现都有两面性。我们如果能正确利用科技创造，就会造福于人类；我们如果不能正确利用科技发现，就有可能祸害人类自己。

社会发展的历史表明，人类每一次对自然取得的巨大胜利，都会不可避免地带来自然界对我们的报复。我们研究自然，目的应当是为了遵循自然法则，而不是相反。当然，为了改善人类的生存条件，改造自然也是必要的。但改造自然应当有个限度，而且改造本身也应当遵循自然法则。

所以，任何一项科学技术的发明，它在给我们带来福利的同时，都蕴涵着某种对人类构成巨大安全隐患的威胁。科学发展的责任，不仅在于推动技术的进步，同时也在于限制这种技术的负面作用，防止这种技术被不恰当地使用，避免可能对人类产生危害。

进一步阅读书目

周立三. 中国农业地理. 北京：科学出版社，2007.

宋应星. 天工开物. 长沙：岳麓书社，2002.